企业避税行为的制度经济学分析

余 萍 著

中国财经出版传媒集团
中国财政经济出版社

图书在版编目（CIP）数据

企业避税行为的制度经济学分析／余萍著. --北京：中国财政经济出版社，2022.4

ISBN 978-7-5095-5006-9

Ⅰ.①企… Ⅱ.①余… Ⅲ.①企业-避税-研究-中国 Ⅳ.①F812.423

中国版本图书馆 CIP 数据核字（2021）第 267890 号

责任编辑：孙 琛　　　　责任校对：张 凡
封面设计：王 颖　　　　责任印制：党 辉

企业避税行为的制度经济学分析

QIYE BISHUI XINGWEI DE ZHIDU JINGJIXUE FENXI

中国财政经济出版社 出版

URL：http：//www.cfeph.cn

E-mail：cfeph@cfeph.cn

社址：北京市海淀区阜成路甲 28 号 邮政编码：100142

营销中心电话：010-88191522

天猫网店：中国财政经济出版社旗舰店

网址：https：//zgczjjcbs.tmall.com

北京财经印刷厂印刷 各地新华书店经销

成品尺寸：170mm×240mm 16 开 12 印张 170 000 字

2022 年 4 月第 1 版 2022 年 4 月北京第 1 次印刷

定价：54.00 元

ISBN 978-7-5095-5006-9

（图书出现印装问题，本社负责调换，电话：010-88190548）

本社质量投诉电话：010-88190744

打击盗版举报热线：010-88191661 QQ：2242791300

前　言

中国企业的税收规避问题一直比较严重，导致大量税收流失。在经济快速发展、税源充足的情况下，这一问题给政府带来的财政压力还不算大。但是，自 2018 年起，中美贸易摩擦对中国实体经济的冲击越来越大，致使一部分行业和企业生产经营困难，减税降费呼声日趋增大。因此，中国政府自 2019 年起又进行了新一轮大规模减税。后果之一是，减税导致财政减收，赤字增加，政府负债增多，国家财政开始面临巨大压力。显然，未来中国财政税收发展面临的一大挑战是，在实施减税降费的背景下，如何减少不必要的税收流失，把应征的税收都征上来，有效增加财政收入。本书在这样的背景下，运用制度经济学的理论和方法，研究企业避税行为的影响因素，构建强有力的税收流失防范和约束机制。

企业产生避税行为的原因，可以分为内因和外因。过去，国内外学者对企业避税问题的分析，多集中在内因问题上，诸如企业类型、股权形式、经营管理者行为动机等，而对影响企业避税行为的外部因素研究较少。大量实证案例表明，外部因素对企业行为的影响和制约作用往往是巨大的，一国的政治制度、经济环境、社会文化等都会对企业避税行为产生深远影响。制度对经济主体行为会产生重要的影响是新制度经济学重要的理论，很多研究证明，健全的制度框架是规范企业行为的关键因素。因此，本书主要从影响企业避税行为的外部因素入手，力图以制度经济学视角来研究和回答以下三个问题：第一，影响企业避税行为的制度因素有哪些；第二，中国企业避税规模及其成因如何；第三，怎样构建强有力的制度机制，从而对避税行为进行有效约束。按照回答上述问题的逻辑顺序，形成了本书的总体研究框架，共分为理论基础、实证分析和机制构建三个大的部分。

第一部分是理论基础部分，对应本书的导论和第一章避税行为的制度经济学分析。这部分主要是研究和回答了企业避税行为产生的制度性因素问题。从制度角度分析企业避税问题，需要厘清避税和逃税的关系。目前，虽然大多数学者都认为两者在行为性质上存在一定差异，但也有着某些共同之处。一是避税与逃税行为一样，都是纳税人主观所为，故意钻法律的漏洞。二是避税与逃税行为的主要目的，都在于规避税负，其最终结果也都减少了纳税数量。三是避税和逃税行为都违反了立法精神。虽然避税不像逃税行为那样直接违反税法规定，但纳税人通过避税手段设计，绕过立法本意，背离了税收法律精神，达到了降低税负的目的，从而导致国家税收损失。由于上述原因，各国税收实践中往往难以在避税和逃税之间划出一条明确的界限，税务机关很难在征管实践中准确界定一种税收规避行为是否完全合法。而且，随着时间推移，激进、频繁的避税行为有可能最后都演变成逃税行为。在中国，这种情况十分普遍。因此，本书是从广义上使用“避税”概念，研究企业避税行为的。换言之，这里所指的“避税”，既包括合法的税务筹划行为，也包括实践中大量存在的“伪避税”或逃税行为。

制度经济学的研究视角表明，企业选择避税行为的外部制度性因素主要有四个方面：一是制度的约束功能失职。制度是约束社会公众行为的一种规则，它决定着人们行为的边界。企业总是希望在一定的制度下，尽可能规避自己的税收负担，实现自身税收利益最大化。但是，企业的避税行为能否实现，取决于制度的约束程度。当税收法律明确、责任义务清晰、违规罚则确定时，纳税人的违法成本就会很高，企业大多会选择依法纳税。反之，如果制度的执行与约束功能失职，企业就容易发生避税行为。二是制度的利益保障机制失灵。税收关系涉及政府和纳税人之间的利益，制度的重要功能之一是保障征纳双方的合法利益。在税收征纳过程中，纳税人出于减少纳税、增加自身利益的考虑，是可能存在道德风险甚至发生违反税法的逆向选择的。这种风险或选择的发生概率与税务机关掌握的涉税信息程度相关。企业是否选择避税行为，一定程度上取决于作为委托方的税务机关掌握信息的多与少。如果税务机关掌握纳税人的涉税信息较少，税收的征管、保障机制失灵，纳税人就会发现隐瞒信息所带来的避税收益大于其成本，继而就会选择避税。反之，企业通常就会放弃避税行为。三是制度的交易指导功能失效。税收是因政府提供公共商品而与纳税人之间产生的一种特殊交易关系，涉及政府与纳税人之间关于公共商品的成本分摊和利益分配。税收的这种特殊交易行为是需要通过制度，尤其是正式的税收法律制度进行规范和指导的，以便实现公共商品成本的合理分摊与税收负担的公平分配。如果税法不健全、政策不合理、税负不公平，制度就将丧失对税收交易行为的指导功能，导致成本分摊和利益分配机制紊乱。企业是否选择避税行为，往往取决于该行为成本与收益的比例，其中，纳税人避税行为的违约成本是影响其行为动机的重要因素。四是制度遵从的引导功能失效。制度遵从是需要引导的，纳税人的税收遵从与否，遵从度高低，取决于纳税便利、违法成本，以及一国的历史、文化、道德等非正式制度因素的引导或诱导。纳税人对税收制度的遵从度会直接影响企业的避税行为，一国纳税人的税收遵从度高，企业避税行为就少。若要减少企业避税行为，就要使企业的纳税遵从成本小于其遵从的收益。

第二部分是实证分析部分，对应本书的第二章中国企业避税的现状和成因分析以及第三章制度对中国企业避税行为约束的实证分析。这部分内容主要是回答本书的第二个问题：中国企业避税规模及其成因如何？这部分运用实证模型对企业避税规模和导致企业避税行为的相关制度性因素进行了验证。从企业避税规模看，公开经济和地下经济两个方面的估算表明，我国目前税收流失的绝对规模仍然十分庞大，论证了约束与治理中国企业避税行为的必要性和紧迫性。在此基础上，本书从静态角度，分别从正式制度、非正式制度、制度实施机制三个方面，分析和论证了制度的约束功能失效、利益保障机制失调、交易指导功能弱化，以及纳税遵从的引导功能不足与我国企业庞大避税规模之间的内在关联性。同时，本书从动态角度，运用制度变迁理论分析论证了中国企业避税行为的成因。我国自1984年税制改革以来，税收制度一直处于不断调整、变化的过程中，过去的改革在设计税制时加入了很多财政收入职能以外的宏观调控目标，导致税收制度越来越复杂。税制的复杂、多变性必然引致纳税遵从成本上升，企业避税规模扩大。

第三部分是机制构建部分，对应本书的第四章企业避税行为约束的国际经验借鉴和第五章现代税收治理框架下约束中国企业避税行为的制度建设思路。这部分论述主要是回答本书的第三个问题：怎样构建强有力的制度机制，从而对避税行为进行有效约束？本书评述和借鉴了若干样本国家约束企业避税行为的制度性措施和有效方法，并在国家税收治理体系和治理能力现代化的框架下，从正式制度、非正式制度和实施机制三个方面，分别提出了构建我国现代税收治理体系、约束我国企业避税行为的制度建议。这些建议包括：从宪法治理和完善税收法律体系两方面，构建和完善约束企业避税行为的正式制度体系；从道德文化、涉税教育两个方面构建约束企业避税行为的非正式制度体系；从信息管税、司法保障、税收执法机制三个方面构建企业避税行为的制度实施机制。通过以上三个方面的制度约束体系建设，有望从根本上解决我国目前制度约束功能失效、利益保障机制失调、制度交易指导功能弱化、制度遵从引导功能不足等问题，以加强对我国企业避税行为的外部制度约束，进一步抑制企业避税行为，增加国家税收收入。

作者

2021年11月

目 录

导　论

第一节　选题背景及研究意义

一、选题背景

纳税人避税现象在世界各国普遍存在，就像克莱珀和纳金（1989）所说的那样，死亡、税收以及人们为逃避这两件事所做的不断努力，是人生中可以确定的三件事。最让政府头疼的事情是，虽然各国政府一直通过这种手段去提升纳税人的税收遵从度，但是税收不遵从的问题却从未解决。不管在什么时期，所有的国家都存在着纳税不遵从所导致的税收流失的问题。近30年来，随着各国税收法律和税收征管体系的不断完善与计算机信息技术的广泛应用，纳税人避税的成本上升很快，这使得纳税人不敢再采取传统的违法方式偷逃税款减轻税负，转而采用了更为隐蔽的方式规避税款，虽然在税款的规避形式上看不出明显的违法行为，但本质上都属于避税行为。

企业的避税行为不仅会减少政府的财政收入，破坏社会的公平，也在一定程度上改变了社会资源的配置，影响了其他纳税人的合法利益。因此有必要对企业的纳税行为进行研究，从而约束企业的避税行为。但影响因素往往是多样的，除了企业内部管理者、所有人等内部因素会影响企业的避税行为，制度等外部因素同样会对其产生重要的影响。制度对经济主体行为会产生重要的影响是新制度经济学重要的理论。大量研究证明健全的制度框架，是影响经济发展的关键因素（Shirley，2005）。因为完善的制度会使交易成本和交易风险变小，市场主体的产权和投资收益能够得以保障。这种健全的制度会使企业对税负的容忍度提高，可见制度在一定程度上会影响企业的避税行为。当然，政府对企业避税行为的监管也是影响企业避税规模的一个重要因素。税务部门依法向纳税人征税，并对企业的经营、交易、定价等行为进行监控，在一定程度上会约束企业的行为，可以促进企业依法经营。可见税收征管力度也会影响企业的纳税行为。高培勇（2006）提出理论征税额和实际征税额之间有很大差距，也就是所谓的“税收征管空间”[①]。这个空间的存在说明，随着税务机关征管力度的上升，企业避税的空间就会减少，反之，企业的避税规模就会上升。因而，完善一国的税收征管机制，减少人为因素干扰，能有效地约束企业避税行为。

党的十八届三中全会明确提出了推进国家治理体系和治理能力现代化。十九届四中全会中又进一步提出，建立科学财税体制是构建现代国家治理体系的制度保障。这就要求税收需要进一步体现在国家治理中的基础性、支柱性和保障性功能。要发挥税收在国家治理中的制度保障作用，就必须建立现代税收治理体系。所谓现代税收治理就是要提升税收征收能力、管理能力和服务能力，促进政府、市场、社会组织、公民等多个主体共同参与税收治理，增加全民的纳税遵从度，走税收专业化治理之路，提高税收征管质量。因而，对于企业避税行为的治理也属于一个重要的财税问题。要构建现代税收治理体系，我国在税收制度、相关法律、征管机制上还有很多需要完善的地方。所以立足我国国情，从制度角度研究如何约束纳税人避税行为，在现阶段十分重要，这也是本书选题的目的。

二、研究意义

（一）理论意义

企业避税问题是一个理论性、实践性都很强的课题。过去人们的研究

---

① 高培勇. 中国税收持续高速增长之谜［J］. 经济研究，2006，12：13－23.

主要是通过委托代理问题分析企业避税行为的成因。而发达国家学者的研究则通常是针对外国企业而已，很少有关注发展中国家企业行为的。而目前对中国企业纳税行为的研究也主要是从企业内部约束机制来分析企业避税行为，比如公司治理水平、企业高管激励、第三方审计、企业道德、税会差异等等。很少有从制度的视角去研究企业避税行为的外部影响因素。本书以新制度经济学理论为基础，阐述了制度与企业避税行为的相关性，并借鉴国外研究方法，全面系统地测算分析了目前我国企业避税的状况，并利用中国上市公司相关经验数据，通过模型实证了制度约束对企业避税行为的影响度。这些为企业避税问题的研究提供了数据参考，因而具有一定理论价值。

（二）现实意义

本书在研究企业避税行为时，充分考虑了中国的现实情况，采用现金比例法和潜在收入能力测算法从地下经济和公开经济两个方面系统测算了中国企业避税程度，并深入分析了造成我国企业避税规模较高的制度原因，进而提出了我国企业避税约束的制度建议。这些能够从根源为政府遏制企业避税行为提供参考。本书的测算结果能为我国税务部门制定政策给予数据支撑，并为我国税务征管部门改进征管办法提供了思路，因而具有很强的实践意义。

第二节 国内外研究综述

美国学者阿林汉姆和桑德莫（1972）建立的 A－S 模型（逃税预期效用最大化模型）开启了逃税问题的现代理论研究①。该模型结合了预期效用与犯罪经济学理论，对个人的逃税问题进行了实证研究。他们认为纳税人是否选择税收遵从取决于逃税的收益和被税务机关处罚带来的成本的权

① Allingham M.，Sandmo A.，Income Tax Evasion：A Theoretical Analysis [J]. Journal of Public Economics，1972，1（3－4）：323－338.

衡。所以税务机关对逃税行为的稽查和处罚率，以及惩罚的强度会决定纳税人的税收遵从度。

在 A－S 模型的基础上，许多学者利用该模型研究了企业逃税问题。使逃税问题的研究从个人延伸到了企业。Marrelli（1984）、Kreutzer 和 Lee（1986）就运用该模型分析了企业逃避所得税和增值税的问题，他们是最早运用现代逃税理论去研究企业逃税问题的学者。他们的研究是建立在企业的经营权和所有权相分离的情况下的，但是这在现代企业制度建立后已经不能满足研究的需要了，因为大量企业的所有权和经营权都分离了。因而，Chen 和 Chu（2005）运用委托－代理理论研究了所有权和经营权分离的企业，为企业逃税问题提供了新的思路。

一、企业避税的定义

目前国内外对避税定义的表述有很多种，观点各不相同，大致上可以归纳为这么几个主要内涵：

（一）避税行为利用了法律的漏洞

避税是一个很难界定的概念，学者们的定义不尽相同，但目前大家普遍认同一点，那就是避税行为是利用了法律的漏洞或法律不完善的地方使自己获得税收的利益。荷兰国际财政文献局（IBFD）将避税（tax avoidance）定义为：纳税人为减轻其纳税义务（tax liability）所作的法律上的安排①。所谓“法律安排”就是纳税人利用法律的漏洞人为安排企业的事务以达到减少税负的目的。联合国税收专家小组（1979）的解释与此类似②。《经济大辞典（财政卷）》（1987）③ 则认为避税是纳税人利用法律的不完善之处，使用不违法的手段规避税负的行为。金子宏（1989）认为税收规避是选择非正常的法律形式实现税收的经济利益，同时却不违法。苏

① 荷兰国际财政文献局（IBFD）．国际税收词汇．[M]．北京：中国税务出版社，2016.

② 联合国秘书处国际经济社会事务部．发达国家与发展中国家之间谈判双边税收条约手册[Z]．纽约 1979：22. 转引自：刘剑文主编．国际税法［M］．北京：北京大学出版社，1999：105.

③ 许毅，沈经农．经济大辞典（财政卷）[M]．上海：上海辞书出版社，1987.

号朋（2001）认为避税就是纳税人通过对企业财务、经营活动的策划，钻法律的空子，规避应纳的税收。Weisbach（2003）从税收结构的合法性角度将逃避税进行了划分，他认为合法的节税或税收筹划就是避税（avoidance），违法的纳税筹划的就是逃税（evasion）。

（二）避税行为介于违法与合法之间

詹姆斯（1988）认为避税是纳税人采用税法允许的手段来规避自己的税负[①]。阿根廷政府把避税定义为纳税人为了减少税负选择对自己有利的法律形式从事经营活动的行为，该行为没有违反法律，不用受到惩处（国家税务总局税收科学研究所，1992[②]）。国家税务总局税收科学研究所认为避税是纳税人减轻税负的行为，但是这种行为的前提是不违反税法（《中国税务大辞典》2000）。《中国税务百科全书》（2001）将避税界定为纳税人采用合法的手段减轻税负的行为。盖地（2000）认为避税是纳税人通过对企业筹资和投资等经营活动的安排，在不违法的前提下规避税负的行为。税收激进性（tax aggressiveness）这个概念是由 Slemrod 和 Yitzhaki（2002）首先提出并由 Slemrod 于 2004 年进行了改进，他们把避税界定为超过合法的界限，但又没有违法的行为，是企业为了降低税负的一种激进纳税行为。而 Dyreng et al.（2008）的观点是，避税是介于合法降低税负与违法偷逃税款之间的区域。王贵东（2007）认为避税是一种事前行为，纳税采用合法手段在纳税义务发生前改变经营方式，从而减轻税负的行为。张建松（1999）则界定了避税与逃税的区分，他认为避税是通过合乎法律的方式规避税收负担，而逃税则是采用违反税法的方式规避税负，两者的动机和结果虽然相同，但是手段性质完全不同。沈肇章（2008）则认为纳税人只要是不违法的降低税负的行为都是避税，包括常见的税收筹划或者节税行为。

（三）避税行为违背了立法的本意

侯梦蟾（1990）认为避税是纳税人为了逃避、减少税负采用的各种手

① 詹姆斯等著．晓林等译．税收经济学［M］．北京：中国财政经济出版社，1988.

② 国家税务总局税收科学研究所．偷税与避税［Z］．北京：中国财政经济出版社，1992.

段，这种手段虽然没有违法，但是违背了立法的本意。张守文（2001）认为避税是纳税人为了减轻税负，并避免受法律的惩罚，通过选择与其经济目的不相符合的法律形式的行为。刘剑文（2003）的观点是，避税是纳税人违背税收法律的初衷，利用其未完善之处，达到减税目的脱法行为。陈清秀（1997）则认为税收的规避是纳税人选择迂回、异常的形式，不按照税收法律确立的目的交易，从而减轻税负的行为。

（四）避税行为的目的是为了减轻税负

对避税行为而已，无论采用何种手段，最终的目的都是减轻税负，这是避税行为的事实结果。美国政府对避税的界定是，能够使税负减到最低的非逃税技术（陈少英和谢徽，2006）。我们的国家税务总局税收科学研究所（1992）则认为避税就是减少、逃避税负的一种方法①。刘怡（2004）认为避税就是通过企业融资及经营活动的筹划，达到降低税负的行为，该行为的前提是不违反税法。

学者们对企业避税行为的论述集中在是否合法上，但问题的关键是，往往一国的税收法律是复杂或不完善的，我们很难准确界定一种税收规避行为是否完全合法，因为违法和合法之间存在灰色空间，但是我们很难界定清楚。因此避税就有了广义和狭义之分。北野弘久（2001）将避税行为分为广义的避税行为和狭义的避税行为②，他认为狭义的避税专指滥用税收法律避税的行为，而广义的避税行为则包括企业利用自身优势所获得各种税收优惠的措施，比如税收的筹划和节税行为。另外一部分中国学者对企业避税定义的研究则放在对避税、节税、税收筹划等行为的区分上（张宏林，2001；罗银鹤，2005；李俊英，2001；朱青等，2008；杨默如，2010）。他们强调对这些概念应作出合理区分。

二、企业避税行为的测度

如何测量企业避税的程度是企业避税行为研究的难点之一。目前，学

---

① 国家税务总局税收科学研究所，偷税与避税［Z］．北京：中国财政经济出版社，1992.

② 北野弘久著，陈刚等译．税法学原论［M］．北京：中国检察出版社，2001.

术界没有一个统一的方法计算避税程度，因为没有一种度量方法适合所有的研究，所以大家在自己的研究中往往采用不同的方法对避税度进行测算。现在大多数学者都是通过财务报表分析对避税程度进行估算，因为他们通过分析企业公开的财务报表很容易计算企业的纳税情况。虽然 Hanlon（2003）、McGill 和 Outslay（2004）认为由于税会之间的差异，企业报表并不能准确反映企业的纳税情况，但大家仍然会选用这个方法测度企业避税程度，因为企业的财务报表数据是大家最容易获取的有效数据。具体来说，测量又分为两种方法：

（一）通过有效税率测量避税程度

有效税率（Effective Tax Rate，简写为 ETR）的计算公式是：企业税收负担的预估值除以经营活动的现金总量或者是息税前利润，从而计算得到税收在企业单位收入中的占比。占比越少，说明企业避税程度越高。一些学者则直接用所得税费用除以息税前会计收入来计算企业的 ETR。但这种计算方法没有考虑到对企业纳税有重要影响的递延所得税费用，因此计算结果会有一定的偏差。因此 Porcano（1986）在计算公司 ETR 时，采用了实际税率 =（所得税费用 - 递延所得税费用）/息税前利润的方法，这种计算方法加入了递延所得税费用的因素，解决了上述方法的问题①。Dyreng 等（2008）把有效税率的研究放在一个时间段里度量，提出了长期现金有效税率（long - run ETR）的度量方法，该方法的优点在于用企业十年的总现金流量除以同期的总息税前收入，避免了企业税率在不同时期的变化带来的影响②。

但用有效税率衡量企业避税程度要注意几个问题：首先，公司财务报表约束力的不同会影响计算的结果，通常财务报表约束力较低的企业，其显示的应纳税所得就会偏低，所以要注意研究企业样本的财报约束力是否

① Dyreng S., Hanlon M., Maydew E., Long run corporate tax avoidance [J]. The Accounting Review 2008, 83: 61 - 82.

② Porcano T. M., Corporate Tax Rates: Progressive, Proportional, or Regressive [J]. Journal of the American B Taxation Association, 1986. 8 (1): 17 - 31.

一致（Hanlon 和 Heitzman，2010）。另外，有效税率反映的是企业整体的避税程度，没有办法区分税收优惠等合法手段带来的税负降低与违法行为所得导致的税负减少，容易高估企业的避税程度。

（二）通过会计与税收的差异测量企业避税程度

由于会计法规与税法的差异，导致会计利润与应纳税所得的计算存在差异，这就是所谓的税会差异（Book - tax differences）。一些学者认为，税会差异不仅仅是由于制度因素所导致的，企业的避税行为也会导致税会差异的加大（Plesko，2002；Desai，2003；Mills 等，2002）。Manzon 和 Plesko（2002）通过 1988—1998 年的企业公开数据，分析了企业税会差异的变化及其主要原因，最后得到结论，认为企业避税行为是影响财务报表中税会差异的重要因素。Desai（2003）则通过实证模型证实了他们的结论。Mills（1998）则从侧面印证了税会差异与企业避税的相关性，他发现被 IRS 审查的企业税会的差异会比较大。Wilson（2009）的研究也同样证明了被控进行了避税行为的企业税会的差异会比一般企业大。这些研究说明税会的差异可以用来反映企业避税的程度。Desai 和 Dharmapala（2006，2009）第一次用计量分析的方法，正式把税会差异用来度量企业避税的情况。Hanlon 和 Shevlin（2005）则对此种方法存在疑虑，他们研究发现即便企业应纳税所得与会计利润即便一致也没有降低企业的避税程度。Treasury（1999）、Shevlin（2002）、Yin（2003）和 Mills 等（2002）也认为用税会差异衡量企业避税程度并不一定准确。Frank 等（2009）建立了残差模型，试图把税会差异中会被避税行为影响的因素和不会被影响的因素分开，用残差测量企业的避税程度。Wilson（2009）通过样本分析发现税会的暂时性差异能在一定程度上体现企业避税的程度。

三、企业避税行为与制度

20 世纪 90 年代以后，制度对经济的影响一直都是学者们研究的重要议题。诺斯将制度作为内生变量放到经济研究中，认为制度是影响经济增长的核心因素（North 和 Thomas，1973①；North，1981②）。因为制度会对人力、物力、技术以及生产等要素的投资有重要影响，所以它对一国的经济增长会带来根本性影响（Acemoglu 和 Robinson，2004）。Shirley（2005）认为一个国家想要保持经济的持续增长，必须要有完善的市场经济制度框架。完善的市场经济制度框架一般包括优秀的政府治理水平、较高的法治化水平以及健全的市场机制。而这种制度框架不仅对经济发展有着重要影响，对政府、纳税人行为也有着深刻的影响。比如完善税收制度会减少企业避税的动机，通常税率的高低、税务稽查的比率、违法行为的处罚率，以及纳税人对涉税风险的厌恶程度都会影响纳税人的税收遵从度（Allingham 和 Sandmo，1972）。Desai 等（2007a）在研究企业避税行为时就把政府作为了重要的外部因素，他认为政府的税收稽查力度会影响纳税人违法行为被发现的几率，所以通常税负高、税收监管弱化的税制体系会激励企业避税行为。Guedhami 和 Pittman（2008）、Hanlon 和 Heitzman（2010）都对税收监管与企业避税行为进行了研究。Guedhami 和 Pittman（2008）以 144 家美国私营企业债券的发行成本与 IRS 的监管力度为研究对象，发现 IRS 的稽查力度越强，这些公司的债券发行成本就越低，这无疑验证了 Desai 等的观点。Hanlon 和 Heitzman（2010）则通过石油公司的案例说明税务部门加大监管的力度，能抑制企业管理者的避税行为，同时也能增加公司股东的利益。曹书军等（2009）通过对我国上市公司数据的分析发现，税务机关的征管力度对私营企业的避税行为有重大影响。曾亚敏等（2009）则认为加强税收征管力度可以约束企业管理者的纳税行为，削弱其股东的代理冲突，他们通过其设计的适合我国国情的税收征管力度指数和我国上市公司数据实证了这一观点。江轩宇（2013）也认为加强税收征管可以减少信息不对称带来的企业避税行为。范子英和田彬彬（2013）通过对中国 17 万家制造类企业的财务数据分析发现，税务征管不力会导致企

① North D. C., Thomas R., The Rise of the Western World: A New Economic History [M]. Cambridge University Press, Cambridge, 1973.

② North D. C., Structure and Change in Economic History [M]. W. W. Norton, New York. 1981.

业大范围的避税行为。这些学者都是从税收征管机制来研究企业避税行为的。

另外一些学者则是从法律制度、税收优惠、地方政府以及政治关联等方面来研究企业的避税行为。王跃堂等（2009）认为2008年实施的新所得税法实际导致企业税负下降，对企业的纳税行为有较大影响。王素荣和蒋高乐（2009）认为由于新会计准则降低了企业实际税负，进而影响了企业纳税行为。于文超等（2015）则通过研究发现民营企业的避税行为会受到官员更替的影响。颜淑姬等（2016）实证发现地方政府的税收竞争会导致税收征管力度的下降，进而会激励企业的避税行为。崔晓静（2011）则从制度的角度研究了税收法律对企业避税行为的影响。邓博夫、刘佳伟和吉利（2019）通过实证发现企业获得的补贴与其避税行为之间存在负相关关系，建议加大政府补助以降低企业避税动机。

四、企业避税行为的内在影响因素

还有一些学者关注了企业避税行为的内在约束机理，他们利用数量模型或者在计量分析的方面研究了影响企业避税行为的内在因素。

（一）企业类型

在影响企业纳税行为的内部约束中，企业类型是一个值得关注的问题。比如说所有权结构就是一个很重要的因素。企业的所有权类型往往会受到一国税收政策的影响，反过来它又会对企业避税行为带来影响（Desai等，2007b；Desai和Dharmapala，2008）。通常所有权集中的企业税收的规避行为相对较少，比如家族企业考虑自身的信誉和公司的长远发展一般会选择放弃避税行为。Chen等（2010）研究发现所有权集中的家族企业对企业避税的成本非常在意，担心自身避税行为会引起小股东的担忧，因而其避税行为会比非家族企业更少。但有的所有权集中的家族企业却又会呈现完全不同的结果。Chen等（2010）发现另外有一些所有权高度集中的企业，由于权利的高度集中，更容易通过避税行为获得更多的利益。可见，管理者的不同对企业纳税行为的影响也是不同的。

我国的企业类型有一点和西方国家是完全不同的，那就是国有控股的企业比例较大，所以企业所有权类型对我国企业的纳税行为也会有较大影响。吴联生（2009）认为我国的国有企业在避税行为的选择上更为复杂。因为国有企业不能像一般企业一样只追求利益的最大化，它还要考虑一部分社会利益，这种矛盾往往会影响他们的避税选择。谢建等（2016）通过实证分析发现非国有企业比国有企业的避税动机更强，因而非国有企业的避税行为更多。

（二）管理者激励

现代企业一个非常明显的特征就是所有者与管理者分离。因此在研究企业纳税行为时必须要考虑企业所有者与管理者的委托代理关系。目前，股权激励政策是很多公司用来激励管理者的手段（Hall 和 Murphy，2003）。Mehran（1995）认为股权激励政策虽然会使企业业绩有所提升，但是也会带来一些负面激励。企业管理者为了获取高额的奖励会选择铤而走险，选择违法、欺诈等行为（Erickson 等 2003）。管理者为了使企业利润上升，往往就会选择更多避税措施。并且高额的股权激励往往会使企业所有者和管理者的目标趋向一致，那就是通过获得更多的税收利益增加企业利润，Phillips（2003）的研究证明了这个观点。他通过调查数据发现股权激励会导致企业的有效税率降低。Gupta 和 Swenson（2003）、Rego 和 Wilson（2008）都认为企业对管理者的股权激励与企业的避税程度具有正相关性，高额的股权激励会促使高管去选择避税行为，并且会因此受到奖励。Hanlon 等（2007）则从纳税遵从的角度验证了这个结果。他的研究发现股权激励的增加会使企业的税收不遵从行为上升。刘华与张天敏（2012）也认为提升管理者的股权激励，会鼓励管理者对避税采取更为积极的态度。

但是也有人对这个观点持反对意见。Armstrong 等（2009）认为对管理者的股权激励政策与企业的避税行为成负相关性。Desai 和 Dharmapala（2006）通过模型分析，发现股权激励政策与企业避税程度呈现负相关的关系。他们认为虽然股权激励会促使管理者为企业获取更多的税收利益，但是管理者在选择避税的同时可能又会选择寻租行为。这使得股权激励并不会增加企业的避税行为。Crocker 和 Slemrod（2005）认为在委托—代理的框架下，企业所有者与管理者的激励合同通常是不完善的，企业避税的违法责任如果由管理者承担，则会让管理者厌恶税收的风险，从而能有效地约束企业的避税行为。企业的管理者选择是否避税一般是由避税的成本和收益决定的，如果管理者承担的避税成本（比如处罚数额和被处罚的概率）大于收益的话，则会放弃避税的选择（孙刚，2012）。彭姝羽等（2017）发现税率波动使股权激励与企业避税呈现“U”形关系。股权激励对企业避税行为的影响在国有企业和私营企业中呈现相反的变化。

（三）管理者个体效应

传统避税研究认为企业管理者个体的性格、家庭、习惯等不会影响企业避税行为，所有者将股权激励给任何一个管理者结果都是一样的（Phillips，2003；Robbinson 等，2009）。但随着行为经济学的发展，人们发现管理者个体对企业纳税行为中所发挥的作用不容忽视。Johnson 等（1985）认为管理者的突发状况会带来企业的巨大变化，从而影响企业的行为。比如，企业高管自己及家人的死亡会导致企业的业绩变差（Bennedsen 等，2008）。Chatterjee 和 Hambrick（2007）研究发现比较自负的管理者通常会选择高风险、高收益的项目，进而影响企业经营业绩。Bertrand 和 Schoar（2003）是第一组明确将企业高管个体效应作为因素来研究企业行为的学者。他们发现高管个人效应与企业的决策正相关。Bamber 等（2009）认为企业管理者对公司的财务决策、财务披露有很大的影响。Dyreng 等（2010）通过计量实证发现，公司高管的变动与企业避税行为有很大的相关性。这说明企业管理者个体效应对企业避税的选择有很大的影响，Dyreng 等人认为尽管有些管理者没有从事过财税的工作，看起来对企业的避税行为没有直接影响，但是他们却可以通过对税务主管的激励来影响企业的纳税行为。曾爱民、魏志华和李先琦（2019）则从性别异质性视角考察在不同治理环境下，女性高管对企业税收激进行为的影响。

随着大家对企业避税行为的研究深入，许多学者另辟蹊径从公司治理、社会责任、投融资等方面来研究企业避税行为。Armstrong 等（2015）

研究证明公司治理在一定程度上会影响企业避税行为，他发现董事会越独立，企业避税程度越低。这说明公司治理越好的企业避税程度越低，比如企业内部控制就与公司避税程度负相关（陈骏等，2015）。Beng 等（2009）认为企业的财务状况也会对公司的避税行为有影响。通常财务出现问题的企业选择通过避税筹集资金的动机会比较强（Edwards 等，2016）。De Simone 等（2013）研究发现企业的收入情况也会影响企业避税的选择。因为收入波动较大，避税行为不容易被发现，对企业的避税行为会产生激励作用。刘行和叶康涛（2014）认为企业的融资环境也会影响企业的避税程度。通常企业融资越困难，企业避税程度就越高（Law 和 Mills，2015；Edwards 等，2016）。王亮亮（2016）通过 2008 年金融危机时企业的融资数据实证了这个观点。刘树海（2019）认为融资约束会对企业避税行为产生重要影响。吕伟等（2015）则从企业社会责任的角度分析了企业避税行为，他们认为社会责任的增多会导致企业避税行为的增多。张宸、张文娟和吕英（2019）从利益相关者视角研究了我国制造业上市公司承担社会责任对避税行为的影响。他们认为企业对股东承担责任与对员工承担责任对企业避税行为的影响是不同的。

五、企业避税行为的经济后果

企业避税行为带来的经济后果往往是多样的。如果公司避税行为被查处了，除了补税之外还需要支付罚款和滞纳金，这会减少企业的资金、财富。正因为害怕这个结果，企业对税务部门的稽查、处罚力度非常敏感。Crocker 和 Slemrod（2005）发现税务机关加大对企业管理者的避税处罚效果更明显，能有效地减少企业的避税行为。除了外部的处罚结果以外，企业避税行为对企业自身也会有很大影响，比如会减少支出，增加流动资金。Graham 和 Tucker（2006）认为公司的资本结构会受到企业避税的影响。在公司所有者与管理者分离的情况下，并不确定企业避税行为一定会给公司带来利益。Lev 和 Nissim（2004），Hanlon（2005）都认为避税所带来的税会差异并不一定会是股东收益。因为这与公司价值有关，一般机构投资者占比高的企业对企业管理者的掌控力越强，避税行为给企业带来的利益就更大（Desai 和 Dharmapala，2009）。Hanlon 和 Slemrod（2009）则研究了企业避税行为的查处披露对企业的影响，结果显示，对大家熟知的企业披露避税信息会产生较大的市场反响，但对于一般企业的避税信息的披露导致的市场反应微小。

六、研究评述

目前，关于企业避税行为，国外取得了较多的理论成果，对我国有一定的借鉴意义，特别是在研究方法上有很多值得学习的地方。但是由于中国的国情较之国外有很多不同，所以国外的研究成果很难直接用于我国。因为国外学者的研究对象通常是境外上市公司，这些公司基本都是私营企业，而中国的上市公司中，国有企业是主体，所以国外的有些研究结论跟我国企业的实际情况不符。但是把企业避税行为放到制度经济学的大框架下来研究，确是可取的。中国是一个政府影响企业市场行为比较多的国家，在这个背景下，探讨外部制度对企业避税行为的影响非常符合我国的国情。国内很多学者系统分析了我国企业的避税现象，以及影响企业避税行为的内在因素。这对研究中国企业的纳税行为提供了有益借鉴。但国内的研究主要是放在企业内部约束机制上，没有系统地分析影响企业避税行为的外部制度因素，这就值得我们进一步深入研究。本书试图在制度经济学的框架下，立足于国情，研究影响我国企业避税行为的制度因素，从而提出约束我国企业避税行为的制度建议。

第三节　本书研究思路、框架和方法

一、本书的研究思路

本书主要从影响企业避税行为的外部因素入手，力图以制度经济学视角来研究和回答以下三个问题：第一，导致企业避税行为的制度因素有哪些；第二，中国企业避税规模及其成因如何；第三，怎样构建强有力的制度机制，从而对避税行为进行有效约束。按照回答上述问题的逻辑顺序，形成了本书的总体研究框架，共分为理论基础、实证分析和机制构建三个大的部分。

在理论基础部分，本书首先研究和回答了企业避税行为产生的制度性因素问题。从制度角度分析企业避税问题，需要厘清避税和逃税的关系，所以本书对避税等相关概念进行了界定。然后用制度经济学理论解释了企业避税行为，分析认为企业选择避税行为的外部制度性因素主要有四个方面：一是制度的约束功能失职，二是制度的利益保障机制失灵，三是制度的交易指导功能失效，四是制度遵从的引导功能失效。

为了验证以上观点，在实证分析部分，本书从两个方面入手：一方面，分析了我国企业避税的现状，并从地下经济和地上经济两个方面分别估算了我国企业的避税规模。估算结果表明，我国目前税收流失的绝对规模仍然十分庞大，这也论证了约束与治理中国企业避税行为的必要性和紧迫性。本书从静态角度，分别从正式制度、非正式制度、制度实施机制等三个方面，分析和论证了制度的约束功能失效、利益保障机制失调、交易指导功能弱化，以及纳税遵从的引导功能不足与我国企业庞大避税规模之间的内在关联性。同时，本书从动态角度，运用制度变迁理论分析论证了中国企业避税行为的成因。另一方面，本书运用实证模型对企业避税规模和导致企业避税行为的相关制度性因素进行了验证。本书选取了正式制度中的重要因素税收征管、产业政策与企业避税之间进行了关联性实证分析。实证分析结果验证了产业政策和税收征管力度等制度因素与企业避税程度有很强的相关性。

在机制构建部分，本书评述和借鉴了若干样本国家约束企业避税行为的制度性措施和有效方法，并在国家税收治理体系和治理能力现代化的框架下，从正式制度、非正式制度和实施机制三个方面，分别提出了构建我国现代税收治理体系、约束我国企业避税行为的制度建议。

二、整体结构

根据以上的研究思路，全书共分为五章，具体内容安排如下：

本书的第一部分是绪论。本部分主要是对选择企业避税这个题目的背景、意义进行深入阐述，并通过对国内外研究现状的综述，学习和借鉴国内外学者的研究成果，提出本书的研究内容、研究思路、研究方法和可能的创新之处。

第一章，避税行为的制度经济学解析，是本书研究的理论基础。本章首先对避税等相关概念进行了界定，然后用制度经济学理论解释了企业避税行为，分析了企业避税行为与制度的相关性。分析结果说明企业选择避税行为的外部制度性因素主要有四个方面：一是制度的约束功能失职，二是制度的利益保障机制失灵，三是制度的交易指导功能失效，四是制度遵从的引导功能失效。最后从"纳税人角度"以及"征纳关系角度"来完成企业避税行为的数理推导分析，其中"纳税人角度"采用预期效用模型来完成推导分析，"征纳关系角度"由于涉及企业与政府之间的博弈，因此采用博弈模型来完成推导分析。

第二章，中国企业避税行为的现状与成因。在这一章中，本书首先从地下经济和地上经济两个方面分别估算我国企业避税的规模。通过估算，显示我国企业避税的绝对规模十分庞大，这也论证了约束与治理中国企业避税行为的必要性和紧迫性。然后从制度经济学的角度分析我国企业避税行为的影响因素，从而验证了第一章的分析结果。因为税收的规避包括地下经济中的税收流失，也包括公开经济（地上经济）中的税收流失，所以需要从这两部分分开估算我国企业的避税规模。隐蔽性是地下经济的特点，想要获得其准确数据非常困难，目前研究有多种不同方法测算其规模。本书选用了 Cagan 在 1958 年提出的现金比率法，在选定基期年（1982 年）的基础上，通过改进的现金比率模型对国内 2001—2015 年的地下经济规模与地下避税规模进行了测算，而地上经济，本书主要测算 2001—2015 年我国增值税、企业所得税、营业税和其他税种的避税规模。

第三章，制度对企业避税行为约束效应的实证分析。本章的目的是运用实证模型对企业避税规模和导致企业避税行为的相关制度性因素进行验证。本书选取了正式制度中的重要因素税收征管、产业政策与企业避税之间进行了关联性实证分析。实证分析结果验证了产业政策和税收征管力度等制度因素与企业避税程度有很强的相关性。对税收规避的指标一般分为两种，第一种是衡量企业的实际所得税率，即有效税率ETR，ETR =（所得税费用－递延所得税费用）/税前利润；第二种是衡量企业的会计—税收差异（刘行和叶康涛，2013）。本书参考Desai（2006）和刘行（2013）的方法，基于会计—税收差异法对企业的避税程度进行度量，通常税会差异越大，说明企业避税程度越高。并且本书以“十二五”规划作为产业政策的研究背景，参照叶康涛和刘行（2011）的做法，设置虚拟变量TED作为产业政策支持力度的表征，采用产权性质及税收征管强度作为分组变量，进一步完成产业政策、税收征管力度与企业避税的相关性分析，利用面板数据，OLS模型，验证了企业避税程度与产业政策、税收征管制度有很强的相关性。

第四章，企业避税行为约束的国际经验借鉴。在这一章中，评述和借鉴了若干样本国家约束企业避税行为的制度性措施和有效方法，从而找到适合我国国情的政策制度，为约束我国企业避税行为提供借鉴。

第五章，现代税收治理框架下约束中国企业避税行为的制度建设思路。本章首先提出在国家治理的框架下，现代税收治理对约束企业避税行为的作用。然后从正式制度、非正式制度和实施机制三个方面，提出完善我国税收治理体系的建议，从而约束我国企业的避税行为。

三、研究方法

本书主要采用文献研究法、层次分析法、实证分析与规范分析、定性分析与定量分析、实证分析法相结合等多种研究方法。具体研究方案设计如下：

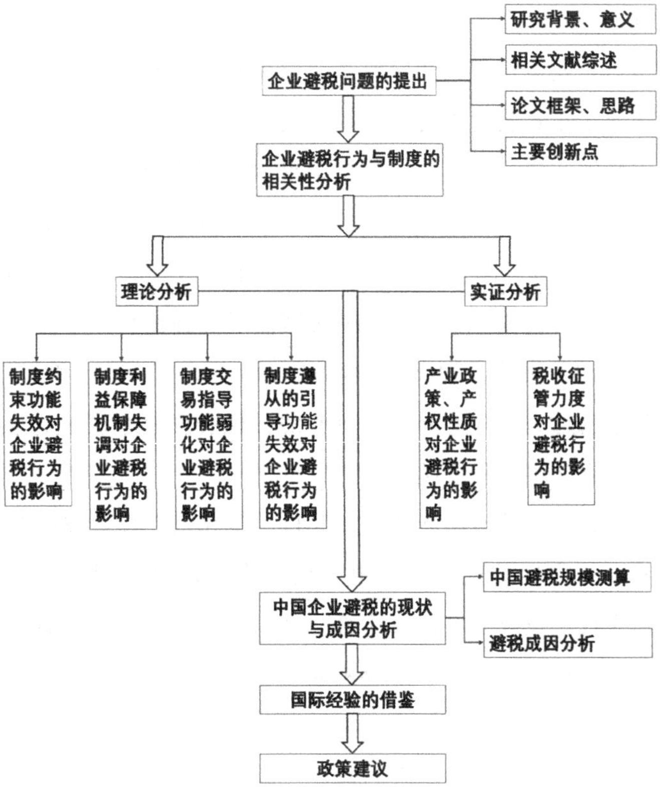

图 0－1　研究框架

（一）文献研究法

系统收集与梳理国内外关于企业避税问题、制度经济学理论和税收征管方面的文献资料，为企业避税行为的界定、企业避税程度的测算，以及税收征管力度的测算等提供了研究思路和可以借鉴的方法。

（二）定性分析和定量分析相结合

在测算我国企业的避税行为和产业政策、税收征管力度的相关性时，一方面，需要通过定性分析，找出恰当的衡量指标；另一方面，为了准确地测算我国企业的避税规模和税收征管状况，必须通过定量分析对指标进行客观评价，为本书的结论提供事实依据。

（三）实证分析方法

本书通过实证分析法验证了企业避税行为与产业政策、税收征管力度之间的相关性，本书的实证分析主要采用计量经济学方法，并全部使用面板数据分析，用固定效用模型研究产业政策、税收征管力度与企业避税行为之间的相关性是否显著。

第四节 主要创新点与不足

一、主要创新点

企业避税问题是一个理论性、实践性都很强的课题。过去人们的研究主要是通过委托—代理问题分析企业避税行为的成因。而发达国家学者的研究则通常是针对外国企业而已，很少有关注发展中国家企业行为的。而目前对中国企业纳税行为的研究也主要是从企业内部约束机制来分析企业避税行为，比如公司治理水平、企业高管激励、第三方审计、企业道德、税会差异等等。但是缺少关于制度影响企业避税的系统化实证研究，并未从制度经济学的视角探索其对企业避税行为的影响。本书研究了我国企业避税行为的制度机理，并从正式制度、非正式制度、实施机制三个方面分析了制度对企业避税行为的影响。本书在如下方面进行了创新：

（1）以新制度经济学理论为基础，结合制度理论，阐述了正式制度、非正式制度、制度实施机制与企业避税行为的关系，用制度经济学理论解释了企业避税行为的成因，并从纳税人角度和征纳关系角度两个方面对企业避税行为进行了制度模型分析。

（2）本书借鉴国内外研究方法，从地下和公开市场两个方面，系统全面地测算分析了我国企业的避税程度。并结合我国的国情，分析了造成我国企业避税行为的制度原因，通过对中国企业避税行为的成因分析印证了制度对企业避税行为的影响。

（3）本书实证研究了政府产业政策和税收征管力度对企业避税行为的影响。本书采用中国上市公司 2011—2015 年的相关数据，以“十二五”规划作为产业政策的研究背景，参照叶康涛和刘行（2011）的做法，设置虚拟变量 TED 作为产业政策支持力度的表征，采用产权性质及税收征管强度作为分组变量，进一步完成产业政策、税收征管力度与企业避税的相关性分析，验证了政府产业政策、税收征管力度与企业避税程度的相关性，并据此提出了约束企业避税行为的税收治理思路与措施。

二、不足之处

（一）实证分析的指标选取不足

本书从制度经济学角度分析企业避税问题，试图解释正式制度、非正式制度、制度实施机制与企业避税行为的关系，并通过计量分析去实证这一结果。但由于税收政策、其他法律政策、道德意识、文化水平这些重要的正式制度和非正式制度指标很难量化，无法取得相关数据，所以本书只选择了产业政策、产权性质、税收征管力度等可计量指标与企业避税行为进行相关性分析。这样本书在指标选取的全面性上会有一定不足，也可能会影响计量分析的结果。

（二）研究不够全面

本书主要是站在制度经济学角度，研究企业避税行为的外部影响因素，然而影响企业纳税行为的内在因素还有很多，由于笔者理论功底不足，没能作更系统的分析，因此本书对企业避税行为的研究明显不够全面，还有待以后深入分析研究。

（三）创新不足

本书主要是通过阅读学习大量国内外的研究成果，在前人研究的基础上提炼形成自己的观点，创新点不多。

第一章 避税行为的制度经济学分析

第一节 相关概念

一、避税与逃税

本书研究的目的是在国家治理体系下，为构建企业避税行为的制度约束提供借鉴。因此，首先需要对本书的主要研究标的“避税”进行界定。在界定“避税”时，有几个与之相关的概念需要厘清，以便进行下面的研究。

（一）避税

所谓避税，顾名思义就是减少纳税人的税负，也可以称为税收的规避。国内外关于避税的定义有多种，学者们的表述各不一样，没有一个统一的说法。并且包括我们国家在内的很多国家也很少有在税收法律中明确定义“避税”的。

在前面文献综述中，我们可以看到学者们对避税行为的界定虽然存在差异，但存在共同之处。第一，避税行为是纳税人故意钻法律的漏洞。这种行为是主动的行为，而非碰巧。第二，避税行为的目的在于规避税负。无论纳税人采用何种手段避税，其目的都是减少税负，这是避税行为最终的结果，在这一点上避税与逃税没有区别。第三，避税行为没有违法。学者们都认为避税行为是采用不违法的手段降低税负。但是这些手段却是绕过立法的本意，违背了税收法律的精神。所以又不能说其完全合法，起码它违背了立法的宗旨。

因此，很多学者从狭义和广义两个方面界定了避税行为。狭义的避税专指滥用税收法律规避税负的行为，这种行为虽未违反税收法律，但是钻了法律的空子，违背税收立法的目的和宗旨。而广义的避税行为则包括企业利用自身优势所获得各种税收优惠的措施，比如税收的筹划和节税行为。也就是在这个方法不违反税收法律的前提下，纳税人为降低税负所使用的一切方法。Slemrod（2004）、Slemrod 和 Yitzhaki（2002）把一种已经超过了合法的界限，但是却还没有违法的避税行为称为“税收激进”（tax aggressiveness）。激进的避税也属于广义上的避税行为。

但问题的关键是，往往一国的税收法律是复杂或不完善的，我们很难准确界定一种税收规避行为是否完全合法，因为违法和合法之间存在灰色的空间，是我们很难界定清楚的。因此本书借鉴 Dyreng 等（2008）的观点，将避税定义为能够使企业税收负担下降的策划行为。包括任何可以使企业得到税收优惠的行为，比如税收筹划等行为，不考虑该行为是否合法。

（二）避税与逃税

逃税是通过伪造涂改财务资料、虚报成本费用以及隐藏收入等手段少缴或不缴税款的违法行为。逃税一般是指纳税人以非法的手段逃避纳税义务的行为，从主观特征来看，逃税是纳税人主观故意的行为。从客观特征来看，是具有欺诈性的违法行为。从法律后果来看，是纳税人通过违法手段，逃避自己的应尽的纳税义务。避税和逃税的共同之处在于都是为了规避税负的主观故意行为。虽然它们都会导致税负的减少，但是却有着本质区别。逃税行为的实现是通过违法手段，是各国法律都明令禁止的，一当被发现会被追究法律责任。而避税行为实现的手段在形式上是合法的，税务机关很难对其进行惩罚。不过避税行为虽然在形式上不违法，但是却违背了国家立法的目的，其带来的结果和逃税行为一致。避税和逃税都会导致国家税收的减少，损害社会公众的利益，违背税法的公平性原则，而且，激进的避税行为随着时间的推移有可能最后演变为逃税行为。并且往往一国的税收法律是复杂或不完善的，我们很难准确界定一种税收规避行为是否完全合法，所以，有时我们并不能十分准确地界定逃税或者避税行为。因此，无论是逃税还是避税行为都应该被制度约束。这就是为什么本书对于避税问题的研究并没有把逃税行为区隔开的原因。

（三）避税与税负转嫁

税负转嫁是指纳税人通过提高或降低商品的价格，将税收负担转移给负税人的行为。避税和税负转嫁的共同之处在于都能以不违法的形式规避纳税人的税负。但税负的转嫁实际只是税负在纳税人与负税人之间的转移，它并不会导致国家的税收减少，也不会影响社会的公平。所以在某种意义上，它符合税收法律立法的目的。而避税行为是以不违法的手段规避纳税人的税负，它直接会带来国家税收的减少，损害社会公众的利益，有悖于税收法律的公平原则。因而，尽管避税行为不违法，它还是应该被约束的。

（四）避税与税收筹划

税收筹划是纳税人在为了实现自己的经营目标，维护自己的税收权益所从事的一种理财活动。企业通过分析外部税收环境因素，对企业的各种涉税事项提前进行策划，最终实现自身经营目标。它不仅是指节税和税收优惠政策的运用，还包括税收风险的防范和纳税成本的控制，等等。避税行为的目的只是为减少企业的税负，而税收筹划则主要是让企业适应外部的税收环境，在依法纳税的同时，维护纳税人合法的税收权益，避税只是税收筹划的一种现象而已。所以，避税和税收筹划并不能等同，税收筹划有一定的合法性，并不能全盘否定。但对税收筹划中故意的避税行为则应当予以约束。

有学者从税收法定的角度认为避税行为具有合法性，他们认为只要法律没有禁止的即为合法，避税行为没有违反法律规范就是合法的，不应该约束。但本书认为避税行为应当是介于违法和合法行为之间的脱法行为。避税行为虽然没有违反法律条文，形式上不违法，但是却是利用法律的漏洞，达到税收规避的目的，与税收立法的精神是相悖的，是税法并不鼓励的，所以没有任何一个国家的税法明文规定保护避税行为。而且避税行为实现的前提是税收法律存在漏洞，不严谨，但是随着一国的税制完善，法律条文的修订，不违法的避税行为会转变为违法行为，纳入到税法的约束范围。并且从避税行为的结果来看，它最终会导致国家税收利益的损失，破坏税收法律规范的公平性，损害全体社会公众的利益。因此，加大对企业避税行为的治理是合理的，也是必要的。

虽然税收筹划具有一定的合法性，但现实中很难区分合理的避税和非合理的避税行为，无法找到合适的标准去量化企业避税中合理避税有多少，所以广义的避税把税收筹划也包含在内，因为它们最终的结果都会减少纳税人的税收负担。因此，本书研究的避税行为采用了广义避税的概念，并不区分避税行为是否合理，不考虑它的正当性，泛指一切会导致企业税负减少，政府税收利益受损的行为，还包括逃税行为。

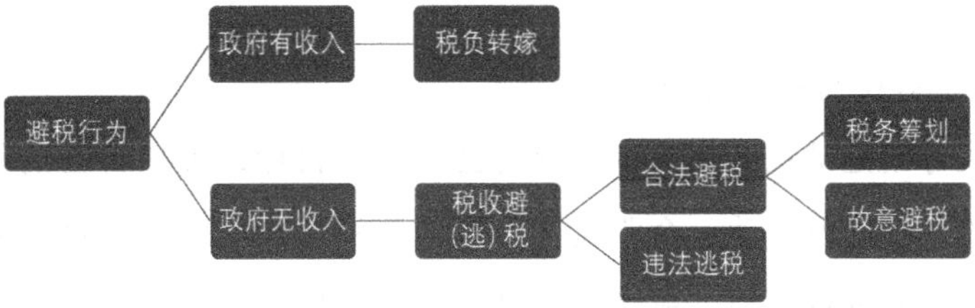

图 1－1　避税与逃税行为界定

二、制度经济学

制度经济学从 20 世纪 60 年代产生以来，发展迅速，它以交易费用理论为基础，分析制度在经济运行中的作用，形成了产权理论与制度变迁理论等一系列理论。交易费用是新制度经济学最基本的概念，也是新制度经济学的基石和理论生长点。早在科斯[①]提出“交易费用”思想之前，旧制

① 1991 年诺贝尔经济学奖的获得者，主要学术贡献在于，揭示了“交易价值”在经济组织结构的产权和功能中的重要性。

度经济学派的代表人物康芒斯[1]就提出了“交易”这个概念，这个“交易”实际就是人们之间的交换关系，包括政府与纳税人的征纳税关系，但是，关于“交易费用”的概念，最早是由科斯在《企业的性质》一文中提出来的[2]。在企业经营和社会经济活动中，之所以存在交易费用，是因为市场具有不确定性，交易存在风险，交易费用不可能为零。所以如何配置资源，提高经济效益就是制度存在的意义。

在新制度经济学派看来，所谓产权（包括所有权、使用权、收益权、处置权等），它既是一种权利，又是一种规制，它制约着社会各个主体之间的关系，产权的一个基本功能是影响和激励行为，所以，在现实经济中，产权在实质上表现为一套激励与约束机制。产权可以通过影响资源配置和经济效率，从而影响社会主体的行为，但这都是建立在一国的制度能够有效地保护产权的基础上。在这方面英国是一个典型的例子，“光荣革命”产生的议会权力体制，极大增强了国家对于选民产权保护的信用，这使得国家税收作为正式规则具有了极高的承诺效力，这也使英国极为顺利的通过税收筹集了大量的资源，为日后大英帝国的兴起奠定了基础。而英国税收制度的扩散示范和扩散效应，最终促进西方世界普遍建立起了具有法律效力的税收规则。因此，一个完善和高效的制度体系是保证一国资源合理配置，经济高速发展的前提。如果一国的制度效能低下，它必将被高效率的新制度替代，这就是所谓的制度变迁理论。

制度变迁的目的在于降低制度成本，减少交易费用，提高制度效率。现代国家的制度体系中，税收制度无疑是信用、效率最高的制度之一，但是，税收并非一开始就是有信用、有效率的制度安排，它是在西方国家漫长的兴衰发展历程中逐步确立起来的。制度变革是一国经济和社会长期持续发展的根本动力，也是国家繁荣昌盛的决定性因素。诺斯认为，从制度

---

① 主要著作：《财富的分配》（1893），《工联主义和劳工问题》（1905），《劳工与管理》（1913），《资本主义的法律基础》（1924），《制度经济学：它在政治经济学中的地位》（1934）等。

② Coase R. H. , The nature of the firm. Economica. 1937，4：386 - 405.

变迁的角度来看，由于国家征税可能带来不确定性，也必然要受到相应的规范约束，“形成一种制度程序，使政府负债能够流通并成为正常资本市场的一部分”①。诺斯与加尔布雷思不同，不赞成国家过多干预经济活动，认为国家征税会在一定生产方式上影响着企业，更不主张实行过高税率，因为那会促成违法行为，从而产生更大的不确定性。“在高税率国家，这些地下部门增长得非常快，其增长的相对速度比公共部门还要大。可以发现，纳税人的‘搭便车’现象不仅存在于有组织的特殊利益集团之中，因为利益集团能通过政治过程本身实现他们的目标，而且存在于每个人之中，因为无论个人是否是这种利益集团的一员，他都能通过地下交易实现他的目标。”②因此，税收负担过重也会在一定程度影响企业的避税行为。

新制度经济学最大的特点是用制度研究人的行为，本书正是从制度经济学的视角来研究企业纳税行为，解释制度与企业避税行为的关系，进而提出约束企业避税行为的制度建设。制度对经济发展的影响毋庸置疑，它通过正式和非正式的制度来影响人的行为，从而影响社会经济的方方面面，制度对企业纳税行为的约束远比一般的税收法律要更宽广。税收法律只是正式制度约束的一种，而影响企业纳税行为的还包括其他方面的约束，比如道德、文化等非正式制度。企业避税行为的发生实际就是制度功能弱化的一种表现，或者结果。正式、非正式制度的不合理，或者实施机制的不协调都会导致企业避税行为的发生。税收关系其实就是纳税人和政府之间的关系，是国民收入在纳税人与政府之间的分配关系。征税会导致产权的转换，会把部分国民收入的产权从纳税人转移到政府手中，制度的作用在于保障这种产权的转移顺利进行，并尽可能使产权转移过程中发生的交易成本最小化，使纳税人的税收规避行为减少，因而制度是影响企业纳税行为的重要因素。所以利用制度经济学的研究方法，完善我国的制度设计、制度执行对约束企业避税行为有着重要意义。

---

①② ［美］道格拉斯·诺思著，陈郁，罗华平等译，经济史中的结构与变迁［M］. 上海三联书店，1991 年.

三、制度与税收制度

（一）制度

制度是制度经济学研究的主要内容，它是决定一国经济发展的最重要因素。把制度作为内生变量分析是新制度经济学区别于旧制度经济学的核心。自20世纪60年代以来，学者们以制度作为研究视角，研究经济、产权、行为等问题，形成了一系列理论，也带来了制度经济学的迅速发展。制度理论认为，人的行为是影响经济发展的重要因素，而人的行为是由动机决定的，制度对人的动机有诱导性和塑造性，所以制度对人的行为、活动有着极其重要的影响，因而制度重点研究的就是人的行为、经济的增长与制度的关系。避税是企业常见一种行为，毫无疑问也与制度有着密切关系，本书试图从制度的角度去解释企业的纳税行为，进而找到约束企业避税行为的制度路径。

1. 制度的内涵

什么是制度，许多经济学家从不同视角进行了界定。制度是一种行为规范，这是《韦伯斯特字典》① 《美国文化遗产大字典》里给出的定义。制度经济学派的早期代表人物康芒斯将制度界定为业务规则，它包括国家和所有私人组织，是不断改变的，而且不同的制度，其业务规则不一样，它们也可以被称为行为规则。新制度经济学代表人物诺思认为制度是约束人们追求财富过程中的行为而制定的各种规则、程序和道德准则②。青木昌彦则认为制度是维系人们博弈关系共有的规制③。美国经济学家丹尼尔·W·布罗姆利的定义是制度是社会规则④。它使人们在交往过程中形成理性的预期，从而对人与人的关系进行了协调。这种规则体现了在各种社会关系中个人和他人行为以及集体行为所演化而来的行为准则。柯武

---

① 颇似我国的《词源》大词典，可以查询某单词的来源及演变。

② 道格拉斯·诺思著，厉以平译．经济史上的结构和变革［M］．北京：商务印书馆，1999.

③ 青木昌彦著，周黎安译．比较制度分析［M］．上海：上海远东出版社，2001.

④ ［美］丹尼尔·W·布罗姆利著．经济利益与经济制度，上海：上海三联书店，1996.

刚、史漫飞则将制度定义为人们互相交往的准则[①]。这种准则约束着机会主义的个人行为，从而使人类的行为更有预见性，并且还有助于劳动的分工和社会财富的创造。当然有效的制度必须同时包含对各种违规行为的惩罚。《辞海》定义制度是全体成员共同遵守的办事规程[②]。综上所述，制度就是激励和约束人类各种行为的准则。这种准则通过影响人类经济生活的各种权利和义务最终达到对人的约束。

古典经济学认为市场是完备的，制度在经济体系的运作中并不重要，市场不需要干预就可以达到资源配置的最优化。新古典经济学家虽然认为制度对经济有一定作用，但是他们的研究都是假定制度是外生变量，所以他们的研究模型从来不考虑制度因素，这样传统经济研究模型就无法很好的分析、解释长期经济增长的问题。新制度经济学迅猛发展的原因就在于其分析模型中，将制度作为了内生变量研究。它主张人的行为、动机都受到制度的约束，只有完备制度体系才能协调市场经济中的各种关系（包括征纳税关系），维护经济运行的公平，促进经济有序的增长。不适应社会发展的制度则会导致社会的无序、低效，因而会有新的制度取而代之。这就使制度在经济发展的长河不断创新、演变以适应新的变化，反过来又促进经济的发展，社会的进步。

2. 制度的构成

对于制度的构成，不同的学者有不同的划分标准。舒尔茨以制度的作用为依据，把制度分为了四个部分[③]，包括降低交易风险的制度、减少交易费用的制度、提供个人和组织收入联系的制度、确定社会分配框架的制度。因为制度的作用具有重叠，按照这种分类方式会导致一些制度中存在重叠。在《经济学中的制度》一书中，卢瑟福在把制度分为了个人规制和

---

① 柯武刚，史漫飞．制度经济学：社会秩序与公共政策［M］．北京：商务印书馆，2000.

② 《辞海》是一部由辞书编纂家舒新城先生主编的图书，于1915年首次出版，是中国最大的综合性辞典。

③ Schultz T. W.，Institutions and the Rising Economic Value of Man［J］. American Journal of Agricultural Economics，1968，50（5）：1113－1122.

社会规制[①]。这种分类是按照制度的社会意义来划分的，他把道德、文化等规则划分为个人规则，法律、法规等划分为社会规则。卢瑟福的分类方式和诺思的分类方式很相似，只是卢瑟福的划分更细化。黄少安（1995）则是按照制度的重要性，把制度分为了所有制、产权制度、调节机制三个层次。柯武刚与史漫飞则将制度分为内在、外在制度两种。他们认为内在制度是社会内部由传统、经验形成的规制，外在制度则是依靠政府推行的外在设计规制。

诺思将制度分为了两种，正式制度、非正式制度。这种分类被人们广泛接受，成为最主流的一种分类方式。他认为法律、规章等是正式制度，而文化、道德、习惯等则属于非正式制度。并且正式和非正式制度需要有效的实施机制来传达。本书就是从正式制度、非正式制度、实施机制三个方面来分析制度对企业避税行为的约束。

（1）正式制度的含义。诺思认为，一国的政治、经济制度和法律制度等共同构成了正式制度，他是由政府自上而下推进的制度体系。正式制度体现了政府的意志，一般通过文字性的法律、法规体现出来，比如一国的宪法和各种税收法律、法规都属于这种。这些相互联系的政策法规是人们看得见、可以明确理解并遵循的制度，按照它的有效性可以分为三个层次：第一层是具有最高法律效应的宪法，它是制定其他法律法规的基础；第二个层次是根据宪法原则所制定出来的政府性法律、法规，这些法律、法规构建了社会成员交易的基本规则；第三个层次是企业或个人之间制定的合同、契约，这些合同、契约能够顺利执行有赖于政府法律、法规的保障，所以它们必须遵循政府的法律、法规。

一国的正式制度必须实现以下两点才能算是完善的正式制度。第一，通过正式制度的约束能够有效配置资源，协调社会主体之间的关系。第二，通过正式制度的约束能够减少交易行为的不确定性，从而使交易费用

---

① Rutherford M.，Institutions in Economics：The Old and the New Institutionalism. Cambridge：Cambridge University Press. 1994.

最小化。要实现这一点，有赖于健全的法律、法规对企业、个人行为的约束，通过这种约束增加违约的成本，促进社会的分工协作，从而推动一国经济的高速发展。

（2）非正式制度的含义。人们在长期交往过程中形成的道德、文化、伦理等意识形态和价值观构成了一国的非正式制度。非正式约束是社会民众自发形成的，并被普遍接收的规则。一个国家的意识形态和价值观决定了社会的文化、道德和伦理，进而影响人们的习惯和风俗。这些习惯和风俗又会在正式制度无法约束的领域构建起一种无形的规制去约束人们的行为。由于一国的正式制度只占社会制度的一小部分，所以社会生活中的绝大部分行为主要依靠非正式制度的约束来完成。制度经济学家们认为，完善的非正式制度能够减少其他制度安排的成本，有效地降低交易费用，所以在正式制度没有设立之前，它是最好的制度安排。比如说当企业面临是否避税行为的选择时，道德、信用观念往往起着重要的约束作用。

（3）正式制度与非正式制度的关系。一国的正式制度与非正式制度是可以相互转化、不可分割的共同体。首先，正式制度和非正式制度可以相互补充，共同作用于社会主体，构建和谐的制度约束。正式制度的实施是自上而下的，由政府推进，它是通过国家机器来强制实施，所以只能在外部形成对社会成员的约束。但非正式制度是人们长期生活中自发形成的习惯性行为，它构建的是自愿遵从的约束。所以非正式制度可以构建社会成员的内部自我约束机制，这样就由内至外形成了一个有机的制度约束体系。当然这种互补性有一个前提条件，那就是一国的正式制度要与其社会成员的文化、道德等意识形态相匹配，也就是说正式制度必须要得到社会成员的普遍认可才能全面发挥其约束功能。

其次，正式制度和非正式制度在合适的条件下也可以相互转化。当一国的正式制度不健全时，非正式制度可以暂时替代正式制度的功能对社会成员的行为进行约束，最后这些非正式规则可以慢慢转化成正式制度来约束公众行为。反之，当一种正式制度崩溃后，由于人们已经习惯这种制度模式，所以它可以转变成一种非正式制度继续影响人们的行为。

最后，正式制度和非正式制度能否在国家之间直接移植呢？笔者认为取决于国家之间的文化、历史等背景是否相容。总的来说，由于正式制度可以在短时间内形成或者变更，所以制度移植的相容性会比较高，因而我们直接借鉴发达国家的正式制度，往往成功几率比较高，这样可以降低我们的制度变迁的成本。但是非正式制度受到文化、历史的影响，其改变需要一个较长的过程，非正式制度的直接移植会更加困难。

3. 制度实现机制

诺斯认为，制度能否有效约束社会成员的行为，促进经济发展，除了需要健全的正式、非正式制度外，还需要完善的实施机制。如果没有实施机制的保障，正式制度就会毫无作用，所以建立完善的实施机制是制度约束的重要保障。这一点在中国经济的发展中体现得尤为明显，我国经济发展中的很多问题不是无法可依，而是有法不依所造成的。究其根本原因就是没有建立起与正式制度相适应的实施机制。完善的实施机制一方面体现在能够使社会成员不遵从的成本上升，进而约束社会成员的违约行为，保障正式制度的实施。另一方面，完善的实施机制还体现在发现和处罚违约行为成本的最低化，也就是实施机制的成本要最低化。

（二）税收制度

税收制度有两个相互联系却各自具有完全不同侧重点的内涵。一个是将税制看作制约人们直接征纳税行为的系统，也就是规定纳税人、税率等税制要素的各种税收法律、法规、条例的总称。而对税制的另一个界定则是建立在此基础上的，即把税收制度作为社会成员行为的一种规则，那些具体规定税制要素的法律只是这种规则的表现形式。因此，将前者称为狭义的税制，后者称为广义的税制。下面分别从这两个角度对税制作进一步界定。

1. 狭义的税制：作为“系统”的税制（tax systems）

狭义的税制是一个国家各种税收法规、条例、征管办法的总称。从这个角度上来说，研究税制及其变迁主要的意义，主要是分析涉及征税、纳税的相关法律法规的更替和其在某一特定时间的结构是否合理。比如税种结构及其变迁、税率结构及其变迁、税收负担的合理性，等等。在这样的研究中一般不涉及个人行为在税制衍生中的作用，也不讨论个人的“税收意愿”如何集合为现实的税制改革方案和措施。对税制这一层次上的认识，主要针对税制直接操作层面。目前我国学术界对于税制内涵的主流观点是通过对现实中税种、税率及税负变迁的分析，总结出其演进的规律。

2. 广义的税制：作为“规则”的税制（tax institutions）

广义的税制可以界定为是一种税收行为的规则。制度经济学把制度定义为约束社会成员的行为的规则或者规范（North，1981）①。所以广义的税制是以制度经济学为研究视角的。在英语中 institutions 包含汉语中的两个方面的含义，一是规章、规则和约束（rules and regulations）；另一个含义是秩序（order），即事物所处的一种状态。因此制度实际可以转化为一种秩序，也就是约束和诱导人们行为的某种规章或规则所呈现出来的秩序。

因此，广义的税收制度内涵远远超越了狭义的税收制度，它不仅包含税收征纳关系的相关法律、法规等税制，还通过这种税制去约束公民的纳税行为，在社会公众中建立一种“元规则”，从而去约束人们的纳税行为，即在社会成员中建立了一种税收的行为规范和程序。另外，广义的税制不仅通过有形的文字规范约束社会成员的纳税行为，而且它还借以文化、道德、伦理的手段改变社会主体的税收行为。

广义税制的核心主要体现在两个方面：一方面它是约束公民纳税行为的规则；另一方面公民的行为反过来会不断改变改规则的实际内涵。比如，在一定的规则或规范下，人们会对自己的行为进行选择，但当选择带来的利益发生变化，或者民众的意识形态发生改变，个人往往会以显性或隐性的办法突破原有的规则。一旦这种行为的诱发因素受到广泛认同，则会使规则的意义在外在形式不变的前提下，其内涵发生较大的改变，最后转变原有的规则，建立新的规则。而在这一互动中，税制不断演进。广义

---

① North D. C.，Structure and Change in Economic History [M]. W. W. Norton，New York. 1981.

的税制实际是一个约束大家的共同税收行为规则，但这个规则不是一成不变的，它会因为社会成员行为的改变而发生变化。

那么税收制度与制度是什么关系呢？显然税收制度也属于制度的一种，税收制度对人们行为的约束属于正式制度的一种，它是由政府从上至下推进的一种外在约束，也是国家与私人之间博弈的结果。税收是国家凭借其政治权利强制征收的，受到税收法律的保护，任何人不能违抗。从这个角度来看，毫无疑问，税收是国家行使的公共权力，人们的行为都受到这个权力的约束。但是国家为什么会拥有这个公共权力呢？那是因为市场失灵的存在，有很多问题通过市场不能自行解决，比如公共物品的提供等问题。我们需要政府去解决这些问题，这就说明征税这一公共权力最终的目的是保护社会公众的权利，这才是政府拥有这个公权力最基本的条件。而且，税收实际也是一种产权的转移，会导致纳税人一部分财产的产权转移到政府手中，进而也会减少纳税人的利益。因此，税收应该是政府与社会公众权利相互博弈的结果，不能仅仅由政府依据自身需要来判定。所以，税收制度一方面是约束公权力对个人权利介入度的基本行为准则，另一方面又是为国家和私人之间的博弈给出约束条件的基本行为规则。

四、国家治理与税收治理

（一）国家治理与税收治理现代化

党的十九届四中全会全面勾画了国家治理体系和治理能力现代化的演进逻辑和发展蓝图。政府、企业、其他社会组织相互合作，对社会公共事务共同管理，以实现国家多样化治理就是现代国家治理的内涵。如何处理好政府和市场的关系，充分发挥市场在资源配置、经济运行中的决定性作用是现代国家治理的核心。在这一目标下，政府的职能发生了很大的改变，由过去的管制职能转变为治理职能。治理与管制最大的区别在于政府与民众不再是管理与被管理的关系，而是协同合作的关系。管治转换为治理说明政府在调整行政理念，要让市场、社会共同参与国家的管理，政府在社会主义市场经济体制下的主要功能应当是服务。为了实现国家治理的现代化，税收制度、税收管理也必须要实现现代化。税务总局已经把实现税收现代化作为了近年来的主要战略目标，税收现代化实际就是税收治理体系的现代化，它是实现国家治理现代化的重要保障，因而调整我国的税收制度，转变税务机关的职能，加强税收的治理能力势在必行。这也是制度变迁理论在我国的又一次诠释。

税收就是一个国家的“钱袋子”，它保障着政府职能的实现。过去我们总是强调通过加强税收管理调节资源，稳定经济发展，新时代推进国家治理现代化就必然要求推进税收治理现代化。那么，什么是税收治理的现代化呢？它是在国家治理的大框架下，通过将税收权力在政府、社会组织、公民之间进行重新配置，鼓励社会组织、公民等社会主体与政府一起参与税收的治理，从而实现税收治理能力的现代化，使税收充分体现其引导、管理、协调和服务的作用。税收征管能力、服务能力都属于税收的治理能力，只有实现科学治税、依法治税、为民服务的税收治理理念，才算是实现了税收治理的现代化。

（二）现代税收治理体系对约束企业避税行为的意义

当前我们提出的税收治理与过去的税收管理是截然不同的，过去我们强调税收管理的主要目的是为了保证税收收入的实现，单纯是站在国家利益的角度研究税收问题。而现代税收治理则强调共治这个概念，要实现共治，在运行机制上，不能像过去一样仅仅依靠政府自上而下的强制性推进各种税收法律、行政命令，各社会主体被动接受，而应该是一个上下互动的运行机制，税收活动不单是政府的事，社会主体都要参与到税法的制定、征纳税的监督等活动中来，政府与社会组织、公民上下联动，实现民众对国家财税政策的支持与认可，从而使公民主动遵守税收法律、制度，最终达到纳税人与国家利益的平衡。当公民的税收遵从度提升了，企业避税行为自然会相应减少，因此构建现代税收治理体系无疑对约束企业避税行为有着积极意义。

要实现税收的共治，前提条件是在税收活动中遵循民主程序，落实税收法定原则，以社会公众为中心，充分保障纳税人的权益，激发民众的参与热情，鼓励纳税人参与到税收制度的建设中去，促使纳税人主动纳税，从而增加企业避税行为的内在约束力，最终实现税收治理的现代化，进而推进我国的国家治理现代化。

第二节　避税行为的制度经济学解析

影响企业纳税行为的因素有很多，有企业自身的内部原因，也有企业外部的制度原因。本书试图用制度经济学的相关理论分析影响企业避税行为的外部制度因素，进而为研究我国企业避税行为的约束机制提供理论基础。税收关系其实就是纳税人和政府之间的关系，是国民收入在纳税人与政府之间的分配关系，征税会导致产权的转换，会把部分国民收入的产权从纳税人转移到政府手中，制度的作用在于保障这种产权的转移顺利进行，并尽可能使产权转移过程中发生的交易成本最小化，使纳税人的税收规避行为减少，因而完善的制度对企业纳税行为的约束是非常强的，企业避税行为的发生实际就是制度功能弱化的一种表现或者结果。正式、非正式制度的不合理，或者实施机制的不协调都会导致企业避税行为的发生。本书拟运用信息不对称、交易费用、纳税遵从理论从制度的约束功能、制度的利益保障机制、制度的交易指导功能、制度遵从的引导实现功能四个方面说明制度功能的弱化对企业避税行为的影响。

一、避税行为与制度约束功能失效

诺斯认为制度是约束社会公众行为的一种规则，它是规范人们行为的尺子，这把尺子的长短决定着人们行为的边界，尺子越长，人们活动范围越大。在制度一定的情况下，公众总是期望其行为可以实现自身利益的最大化，最大范围地到达却不突破制度的边界。企业避税行为也是如此，企业总是希望在一定的制度下，尽可能地规避其税收负担，使自身的税收利益最大化。但企业的避税行为能否实现却取决于制度的约束程度。当制度的执行与约束功能失效时，企业的避税行为就容易实现，反之，则难以实现。制度不同于体制，它是由一系列政府规则、程序和道德规范构成的，用以安排社会主体之间关系的规制集合，这些规则、制度构成的框架体现约束着社会公众的行为选择。诺斯把制度分为三个构成要素：正式制度约束、公众认同的非正式制度约束、确保前二者得以贯彻实施的有效机制。

（一）正式制度与企业避税行为的相关性

正式制度是由政府制定的各种政治、经济规则和契约的总称，它是由政府政治权力保证并强制推行的规则，这些明确成文的规则共同约束着社会个体的行为，这其中税收制度是否完善是影响企业避税行为的最重要因素。

1. 税收制度完善程度的影响

动机是影响企业行为的内因，制度经济学研究社会主体行为时总是把人当成“经济人”，认为社会主体的行为都是为了追求利益最大化。企业作为社会主体的一部分，其行为目的毫无疑问也是实现经济利益的最大化。那么企业避税行为的动机自然也是出于利益。企业避税会减轻企业的税收负担，带来一定的税收利益，但是避税也是有成本的，比如违法逃税后的惩罚、合法避税时所花费的人力物力成本。企业在选择避税行为时会充分考虑其成本和收益，只有当收益大于成本，能够获得税收利益时才会选择避税行为。当一国的税制十分完善，能够对企业避税行为构建强有力的约束机制时，就会使企业避税行为的成本大幅度上升，甚至超过避税的收益，从而减少企业避税行为的动机。反之，如果一国的税制不健全，比如对企业避税的发现率和违法惩处率都很低，这就会增加企业避税行为的税收利益，加强了企业避税行为的动机。可见税收制度的完善度会直接影响企业避税行为的动机，进而对其行为构成外在制度约束。

国家、地区、企业间的税负不均衡是造成企业避税行为的重要因素，因为税负的差异给企业的避税行为提供了基础，企业利用这些税负的差异使自己的避税动机得以实现。通常这些税负差异是由于各国税制的差异或者不同的税收优惠政策所导致的。一般而言，国际税收差异所带来的税负差异很难改变，所以跨国避税行为是各国都面临的难题，需要国际合作来约束。但是由于一国的税收优惠政策或者税收优惠措施不当所导致的税负差异则是可以通过完善本国的税收制度来实现的。政府通过清理混乱、繁多的税收优惠政策，健全本国的税制，平衡地区、企业间的税收负担，可以有效压缩企业避税行为的空间。

2. 税收负担的影响

税收负担也是影响企业避税行为的因素之一。由于税收行为会导致资产的产权从纳税人手中转移到政府手中，所以税收实际也是纳税人与政府经济利益的一种分配关系。企业愿意承担多少经济利益的转移和让渡取决于税收分配所带来的利益转化的比例。企业想要维持和扩大经营，就必须要能够获取足够的利益，如果企业经营的成本大于利益，那么企业经营活动的动机就没有了，那就更谈不上缴纳税款了。所以，政府需要保障企业生存和发展的必要空间，就需要设计合理的税收负担，保证企业合理的经营利益，这是企业愿意税收遵从的前提条件。如果一国的税收负担过重，超过了企业的纳税能力，只会促使企业通过避税行为来减少自己的税负，达到盈利的目的，这就会对企业避税行为带来激励作用。所以，一般一个国家的税负越重，其避税的现象越多。

3. 税制的公平性的影响

公平性原则是税法的基本原则之一，也是一国税制要遵循的重要原则。如果一国的税收制度设计得不公平，比如对不同所有制、不同区域的企业实行区别对待，会导致企业竞争的不公平。出于利益的考虑，企业一定会改变原有的投资和经营行为，通过各种手段去规避税收，这样一方面会给市场带来扭曲效应，另一方面也激励了企业避税行为的动机。通常企业避税行为比较多的国家都是税制不公平的国家。

4. 税收法制化的影响

另外，一国的税收法制化程度也会影响企业避税行为。税收法制化水平的影响主要体现在两个方面。第一，税收立法的参与度。税收治理现代化一个重要的特点就是鼓励政府、税务机关、纳税人共同参与税收体系的建设。这就要鼓励纳税人能够参与到税收制度的建设中来。同时，想要提高一国的税收立法水平，就要尊重纳税人的参与权，这与税收治理现代化的要求不谋而合。税收法律是规范征纳税双方行为的规则，它的制定不应该是政府单方面的权力，应当充分尊重和发挥纳税人的作用，鼓励企业共同参与税收法律的制定，才有利于企业税收遵从度的提高，从而降低企业避税行为。所以增加纳税人税收法律的参与度，会对企业纳税行为带来影响。

第二，税收法律的解释机制也是影响企业避税行为的因素之一。税收法律的解释会直接影响其实施的效果。法律条文清晰易懂，法律解释标准统一是税收法制化健全的基本要求。如果一国税收法律的解释有很大的弹性空间，地方政府出于地方保护主义的需要可以随意解释税法，擅自制定或批准税收减免，都是对税收法治的破坏，这不仅会增加税收征管中的人治因素，导致基层税务机关的税务成本上升，也会使企业产生避税的动机增大。因为不确定性会带来不安全感，也会让企业更容易找到税法的漏洞，刺激其避税的动机。

（二）非正式制度与企业避税行为的相关性

由于一国的正式制度只占社会制度的一小部分，所以社会生活中的绝大部分行为主要依靠非正式制度的约束来完成。非正式制度的约束与正式制度的约束不同，它不像正式制度一样由政府推进，它是社会公众在长期的生活中所自发形成的，这种制度最大的特点在于自愿性，这也是非正式制度约束与正式制度约束本质上的区别。一国家长期形成的文化、道德、风俗习惯决定了该国民众的意识形态。而这种意识形态会极大地影响社会公众的行为规范，这种影响给人们行为带来的约束有时甚至会超过正式制度的约束。非正式制度与正式制度有互补的作用，一国的制度框架中如果只是依靠正式制度，效果会大打折扣，如果有非正式制度的配合，正式制度发展的动力就加强，会不断趋向完善。一国的文化、传统、风俗等意识形态虽然没有强制性，但是却在无形中对公众的行为有着潜移默化的作用。因而我们可以通过文化的引导，配合正式制度的制约去影响社会公众的行为选择。就像一国人民纳税意识的高低，取决于人们对税收的认知，即人们的税收观。而税收观往往受到这个国家的文化、历史、风俗的影响。如果纳税人能够真正了解自身的利益所在，他们就能够真正理解纳税的意义。通过文化的引导和宣传让社会公众了解纳税是为了增进大家的福利，并不会导致社会总福利的下降，在社会中形成一种避税会减少大家的公共福利的意识，那么公众自然就会对税收的规避行为很反感，反对避税行为就会形成一种共识，因而对国家的税收制度就会选择遵从。这就是为什么税制完善的发达国家公民的纳税意识普遍很强，他们认为纳税行为是权利和义务的平等交换，因为他们享受了纳税所带来的权利，所以就应当承担纳税的义务。我们国家一部分人认为自己的财富是完全靠自己的努力得来的，与国家无关，税收只是对自己利益的损害。这种税收观与长期在我国具有统治地位的儒家思想、自给自足的小农经济不无联系。受到这种思想的影响，导致我国公民的纳税意识比较淡泊，税收的不遵从行为较多，在这种宽松非正式制度环境中，正式制度的效果也就相对弱化，企业避税行为自然就会增多。

（三）制度的实施机制与企业避税行为的相关性

除了正式、非正式制度之外，制度中还有一个很重要的构成要素，那就是实施机制。一国的制度是否完善，仅靠正式、非正式制度是不够的，如果没有健全的实施机制，正式制度的约束就会大打折扣。实施机制通常决定着违约的成本，实施机制越完善，违约成本越高，违约成本的升高自然会导致违约收益的减少，当违约收益小于违约成本时，人们就会放弃违约行为。因此健全的实施机制，可以极大地增加正式制度的有效性，从而也可以有效地约束企业的避税行为。

在企业税收规避行为的约束上，实施机制主要体现在税收的征管工作中。实施机制会决定企业避税行为的成本，进而影响企业避税行为的选择。通常税务稽查的比率和违法查处的比率越高，企业避税行为的成本就会越高，企业所获得税收利益就越小，从而对企业避税行为能构成有效的约束机制。反之，如果一国的税收征管机制不健全，不能有效地查处企业避税行为，那么就会增加企业避税行为的动机。

二、避税行为与制度利益保障机制失调

税收征纳关系的协调保障功能失调是企业避税行为增多的重要原因。古典经济学认为，市场经济中，信息是充分和对称的，他们的研究都是基于交易双方信息的对称。但其实信息的对称在现实的市场经济中是基本不存在，更多情况是交易方对交易另一方信息掌握不足，这就是信息的不对称。在税收的征管过程中纳税人与税务机关信息的不对称是非常明显的，征纳税双方形成了委托代理的关系。毫无疑问，在涉及税收缴纳的问题上纳税人对自己的信息掌握充分，是征纳税关系中的代理人，而征税机关则很难全面掌握纳税人的信息，因而是征纳税关系中的委托人。如果作为代理人的纳税人隐藏、虚构自己的纳税信息，那么作为委托方的税务机关征税的效率肯定会受到影响。在纳税信息不对称的情况下，企业最终避税的程度实际是征纳税双方博弈的结果。企业是否选择避税行为，完全取决于税务机关这个委托方掌握信息的多少。如果税务机关掌握纳税人的涉税信息很少，纳税人就会发现隐瞒信息所带来的避税收益大于其成本，继而就会选择避税。反之，如果税务机关能够充分掌握纳税人的涉税信息，纳税人隐瞒信息带来的风险成本会很大，企业通常就会选择放弃选择避税行为。

根据信息不对称发生的时间来划分，信息不对称可以分为事前信息不对称和事后信息不对称。事前信息不对称是指信息不对称发生在交易双方签订合同之前，它往往会带来逆向选择问题。事后信息不对称则是信息不对称发生在签订合同之后，它通常会带来道德风险的问题。

1. 企业避税的逆向选择问题

委托代理理论认为，交易双方都是经济人，都会为自身利益进行博弈。在签订委托代理合同之前，委托方往往趋向选择价格最低的代理人，而代理人为了谈判成功，通常会隐瞒自己的真实信息。这里委托方属于信息劣势的一方，它会在不知情的情况下选择劣质的代理人，而放弃优质的代理人。在这种情况下，市场就会有越来越多的劣质代理人，相反优质的

代理人会越来越少，这就是“逆向选择”问题。在税收征纳关系中，作为委托方的税务机关是掌控涉税信息较少的一方，作为代理人的纳税方如果凭借信息优势降低自己的避税成本，就会获取更多的税收利益，而那些放弃避税行为的企业，选择纳税遵从的企业就无法获得这种税收利益。长此以往，就会有更多的企业选择避税行为去获取更多的利益，最后依法纳税的企业会越来越少，纳税不遵从的企业会越来越多，这就是信息不对称带来的纳税人逆向选择问题。

2. 企业避税的道德风险问题

在委托代理合同签订后，劣质的代理人通常会选择隐藏自己的信息，在代理过程中通过损害委托方的利益使自己获得更多的利益，这就是道德风险问题。在信息不对称的情况下，委托方很难监督代理人的行为，代理人能否完全履行合同，只能靠代理人自身的道德约束，这必然会产生道德风险问题。其实在征纳税过程中，不仅税务机关和纳税人存在委托代理的关系，税务机关和税务工作人员也存在着委托代理关系，税务局作为委托人通过工薪报酬委托税务人员去征税，税务工作人员就是征税过程中的代理人。税务工作人员直接负责向纳税人收取税款，他们所掌握的纳税人信息一定比税务局更充分，问题在于，税务人员能否按照规定严格地履行自己的职责，努力地征税，这就涉及道德风险问题。如果税务工作人员奉公职守，廉洁自律，认真完成自己的征税工作，那么企业避税行为就会减少。相反的情况是，税务人员利用自己的信息优势与纳税人合谋避税，或者税务人员不努力征税，都会导致企业避税行为的增多。这就是信息不对称所带来的道德风险问题。

三、避税行为与制度交易指导功能弱化

交易费用是新制度经济学的核心范畴。有了“交易费用”这个概论，我们就能用成本收益分析的方法去解释制度。我们知道，公民纳税的原因是因为政府向我们提供了公共物品，政府与居民之间是一种平等的交易关系，交易双方都要寻求利益的最大化。税收的缴纳其实就是政府和纳税人

之间利益的分配，该利益分配和成本分摊的结果也会对企业避税行为带来较大影响。

从政府的角度来说，一方面，在制定税收政策时，为了实现利益的最大化，往往会权衡不同主体的利益关系，比如中央政府与地方政府之间、地方政府之间、税务机关与税务人员之间。这种方式制定的税收政策往往会存在一定的制度缺陷，它虽然保障了征税部门的小利益但是却带来了很大的交易成本，那就是由于制度的缺陷给纳税人带来避税空间，从而导致企业避税行为的上升，税收流失的增加。所以企业避税带来的税收流失也是一种交易的成本。另一方面，政府为了自己在分配中获得更多的利益，可能选择重税政策。这种政策增加了企业的税收负担，却可能适得其反，鼓励了企业避税行为，减少了税收。

从纳税人的角度来说，企业是否选择避税行为往往取决于该行为成本与收益的比例。在政府与纳税人的征纳税交易中，当政府的制度约束力低的时候，企业避税的违约成本就会很低，相应的避税的收益就会很大，对企业的避税行为会有激励作用；反之，当制度的约束力很强时，企业避税的违约成本就会很高，就会带来相反的结果。可见，纳税人避税行为的违约成本是影响其行为动机的重要因素，然而决定纳税人违约成本的关键是制度的约束力。

综上所述，一国的制度在企业交易过程中的指导约束功能是否强大会对企业避税行为带来重大影响。

四、避税行为与制度遵从的引导实现功能失效

纳税人对政府的税收制度是否遵从会直接影响企业避税行为的比例。一国的税收遵从度高，企业避税行为就较少，而影响税收遵从的重要因素是纳税遵从的成本。

企业在遵从税法办理相关纳税事宜时所发生的成本和费用就是纳税遵从的成本。比如纳税申报、雇佣税务顾问、税务代理所花费的时间和金钱。通常越大的企业税收遵从的成本会越高，因为越大的企业涉及的税收

事务越多，相应的纳税成本也就会越高。一般而言，当企业的税收遵从的成本比较高的时候，它就会考虑通过其他途径来弥补这个损失，显然避税行为是一个选择。因此，想要减少企业避税行为就要企业的纳税遵从成本小于其遵从的收益。一国的正式制度会对纳税人的税收遵从成本有很大影响，通常一国的税收制度越完善，企业税收遵从的成本就会越低，比如简单易懂的税收条文，公平、合理的税收制度，方便、快捷的纳税申报制度等都会有效地降低纳税遵从的成本，进而减少企业避税的行为。一国在制定税收制度时，应该充分考虑如何降低纳税遵从的成本，进而促进纳税人的税收遵从度，以到达治理企业避税行为的目的。

当然，一国公民的纳税遵从度还会受到历史、文化、道德等非正式制度的影响。如果一个国家公民的纳税意识比较强，公众对避税行为是厌恶反感的，有良好的税收遵从的文化氛围，那么这个国家公民的税收遵从度就会比较高；反之，如果这个国家的文化传统是反税收的，其国民的纳税遵从度肯定是较低。因此，通过文化宣传引导公民正确的税收观，也会影响一国纳税人的税收遵从度，进而减少企业避税的行为。

第三节 企业避税行为的制度模型分析

本书从制度经济学的角度对影响企业避税行为的因素进行了理论分析，为了进一步验证制度对企业避税行为的约束作用，本节将从“纳税人角度”以及“征纳关系角度”对企业避税行为进行数理推导分析，进而证明外部制度功能的强弱会对企业纳税行为有很大的影响。

企业避税行为的制度约束，从宏观层面，可以归结为国家税收制度、产业政策制度的约束（即后续实证章节的内容），从微观层面，则可以归结为企业自我约束与制度执行者（稽查官：稽查人员）对企业的约束。其中，企业自我约束，属于预期效用模型范畴；制度约束包括“激励与相容”，属于博弈论（征管关系博弈）的范畴。从“纳税人角度”来说，本书采用预期效用模型来完成推导分析；从“征纳关系角度”来说，由于涉及企业与政府之间的博弈，则采用博弈模型来完成推导分析。

一、纳税人不遵从行为的模型分析

（一）制度对纳税人避税心理成本影响的模型数理推导分析

纳税人属于理性化的经济人，其不遵从行为源于利弊的权衡，包括避税违法性、税务机关的稽核准确率与税收稽查率的估计，进而完成成本收益分析，最终判断逃税与否、逃税的数额等。因此，纳税人不遵从行为属于主观判断，具有较高的不确定性，但避税的前提必须是预期的净收益为正，即避税追求的是预期收入与效应的最大化。

关于避税问题，学者们通常是建立数学模型来对其分析，方法包括两种：其一，伊兹哈基（Yizhaki，1974）与斯瑞尼瓦桑（Srinivasan，1973）的预期收入最大化模型，基于纳税人为风险中性者的假设前提，通过对查处几率、申报额以及罚款率三者间的关系进行分析，进而对纳税人如何实现预期收入最大化进行模拟。其二，桑德莫与阿林汉姆（Allingham 和 Sandmo，1972）的预期效应最大化模型，也叫作 A－S 模型，主要是分析在税制及非税制因素前提下，纳税人为实现自身预期效用最大化而选择的申报额。

本书将基于心理学角度，借鉴预期收入最大化模型与预期效应最大化模型，引入“避税心理成本”作为新因素来完成避税成因探讨。

1. 基于预期收入最大化模型的数理推导分析

首先，在伊兹哈基与斯瑞尼瓦桑的预期收入最大化的基础上构建一个简单模型。考虑到一般化的预期收入最大化模型的简单情形，我们将在该模型的基础上，考虑纳税人因避税行为引发的心理挫折感，作为心理成本系数 θ 引入模型中。心理挫折感由纳税人的社会因素以及个人因素共同决定，即心理成本系数因人而异。其中，决定纳税人心理成本的社会因素包括群体气氛、社会舆论以及纳税人的社会角色等，而决定纳税人心理成本的个人因素则包括避税目标的现实感、个体差异、经济状况、税收意识、避税成败的经历、政治偏见等。

基于纳税人属于风险中性者的假设，即纳税人对风险既不厌恶也不偏爱的情况下，我们将纳税人的实际所得设为 Y，属于外生变量，这是税务机关不完全了解但纳税人自己清楚的真实收入。而心理成本则设为 θY，即心理成本等于实际所得收入乘以占比。当纳税人逃税避税被税务机关稽查到时，对纳税人的罚款金额设为 F，并且纳税人避税行为被纳税机关查到的几率设为 P。纳税的税率假设为 t，是一个大于 0 的常数。如果纳税人如实向税务机关申报纳税，那么纳税人的税后余额就等于 $(1-t)Y$，相反地，假如纳税人采取偷税避税的策略，那么计算出纳税人实施避税后获得的收入期望为：

$$E(v) = (1-P)Y + P(Y - \theta Y - F) \quad (1-1)$$

其中，纳税人的收入 Y 必定是大于心理成本与罚款金额之和（$\theta Y + F$）的，若情况相反，纳税人就必定不会采取避税措施。

理性的纳税人会通过比较避税措施带来的预期收入与真实的税后余额的大小来决定是否实施避税措施。当 $E(v) < (1-t)Y$ 时，就表明纳税人选择避税后带来的预期收入会小于其依法纳税后的收入余额，纳税人必定会选择依法纳税而不是采取避税策略。当 $E(v) > (1-t)Y$ 时，就表明纳税人选择避税后的预期收入会高于其依法纳税后剩余的收入余额，纳税人必然会选择采取避税策略，这是纳税人选择避税的前提条件。结合式（1-1），就可以计算得出纳税人选择避税的前提条件为：

$$(1-P)Y + P(Y - \theta Y - F) > (1-t)Y$$

$$tY > P(F + \theta Y)$$

$$(t - P\theta)Y > PF$$

这就表示当 $(t - P\theta)Y > PF$ 时，纳税人就不会选择依法纳税，而是选择避税策略。另外，在其他条件不变的情况下，罚款金额 F 与纳税人避税被查处的几率 P 越大，纳税人逃税的几率就会越小，逃税金额也会减少，同时心理成本系数 θ 增加时，纳税人也会减少逃税。

2. 基于预期效用最大化模型的数理推导分析

（1）企业避税行为的简单预期效用最大化模型构建。众所周知，纳税人避税的目的就是为了获取更大的经济效用，这就说明纳税人会尽可能趋利避害，最大限度地避开逃税避税带来的不良后果。这是因为纳税人非常清楚自身的避税行为被查处时，他们需要付出的代价，有可能是身败名裂，也有可能是缴付巨额罚款。大部分理性的纳税人都属于风险规避者，从这一角度出发，我们将在纳税人是风险规避者的基础上来构建预期效应最大化模型，对避税行为进行分析。

假设纳税人属于风险规避者，根据预期效应最大化模型并结合心理成本要素可以得出纳税人采取避税策略的预期效用函数为：

$$E(u)=(1-P)u(Y)+Pu(Y-\theta Y-F) \tag{1-2}$$

其中，$E(u)$为纳税人的期望效用；u 是效用函数；P 是纳税人选择避税的概率；Y 是纳税人的应纳税收入，F 是纳税人避税被查处时的罚款金额，那么纳税人选择避税时被税务机关查处后的余额就为 $Y-\theta Y-F$。

纳税人通过比较依法纳税与避税策略给他们带来的最终效用大小来决定是否避税。当 $E(u)>u(1-tY)$时，即表示纳税人依法纳税的效用会低于其采取避税策略后带来的预期效用，此时，纳税人会更加愿意选择采取避税策略，这就是纳税人选择避税的前提条件。当 $E(u)<u(1-tY)$时，表明纳税人依法纳税的效应会大于其采取避税策略后取得的预期效用，此时，纳税人就会不会选择避税策略，而是依法纳税。

通过效用函数图可以更进一步地分析预期效应最大化模型的内部关系。

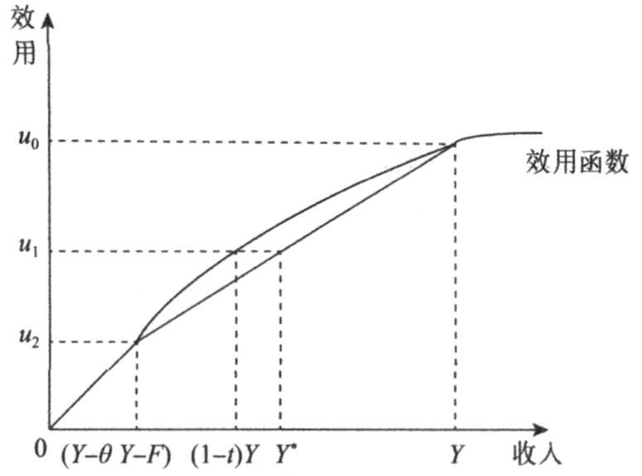

图 1－2　收入—效用函数图

从图1－2可知，当纳税人取得的应纳税收入为Y时，其对应的效用就是u_0；当纳税人依法纳税时，其取得的收入为$(1-t)Y$，对应的效应就是u_1；当纳税人采取避税策略后取得的最终收入是$(Y-\theta Y-F)$时，对应的效用就等于u_2。但是对于风险规避型的纳税人来说，要取得与依法纳税相同的效应，纳税人避税后的收入就必定为Y^*，换言之，避税策略带来的预期收入大于Y^*时，纳税人就会选择避税。纳税人选择避税的前提条件是至少取得的期望收入为Y^*，而效应函数的曲线率决定了$(1-t)Y$和Y^*的大小，当效应函数的曲线率增加时，$(1-t)Y$和Y^*的差距也会变大，相反地，曲线率越小，两者差距也越小。

（2）采用VNM效用函数理论的预期效用最大化模型修正。上述模型都是主要针对纳税人只有不避税与避税两种情况，但是现实中还存在纳税人选择申报部分应税收入，而另外一部分则选择避税的情形。由此，将纳税人向税务机关申报的个人所得设为X，除F外，其余符号与前述的假设相同，按照$X<Y$的假设条件，并且基于摩根斯坦与冯·诺曼的VNM效应函数理论，在传统A－S模型的基础上进行修正，构建如下模型：

$$\max_{X>0}E[u(X)]=\max_{X>0}\{(1-P)\cdot u(Y+tX)+P\cdot u[(1-\theta)Y-tX-Ft(Y-X)]\} \quad (1-3)$$

其中，预期算子用E表示，F是罚款率，这里的F是税务机关针对纳税人避税金额部分的罚款率，必定大于1；$Ft(Y-X)$是纳税人避税后被查处时的补征税款和罚款金额之和。

假定$u'>0,u''<0$，也就是纳税人是风险规避者的基础上，令$A=Y-tX,B=(1-\theta)Y-tX-F\cdot t\cdot(Y-X)$，那么式（1－3）则变成：

$$\max_{X>0}E[u(X)]=\max\ (1-P)\ \cdot U\ (A)\ +P\cdot u\ (B) \quad (1-4)$$

按照效用最大化原理，对式（1－4）求出关于X的一阶导数后得出：

$$(1-P)u'(A)\cdot(-t)+Pu'(B)\cdot(-t+Ft) \quad (1-5)$$

令式（1－5）等于0，得出：

$$(1-P)u'(A)\cdot(-t)+Pu'(B)\cdot(-t+Ft)=0$$

$$(F-1)\cdot P\cdot u'(B)=(1-P)u'(A) \quad (1-6)$$

对式（1-4）求关于 X 的二阶导数后得出：

$$t^2[(1-P)u''(A)+(F-1)^2\cdot P\cdot u''(B)] \quad (1-7)$$

按照最大化原理，令其满足小于等于0，即：

$$H=t[(1-P)u''(A)+(F-1)^2\cdot P\cdot u''(B)]\leqslant 0 \quad (1-8)$$

根据式（1-6），一旦进行避税行为，则有 $X<Y$，即验证初始 $X<Y$ 假设。另外，根据式（1-8）可知，在式子对全部 X 均成立时，如果 $X=Y$，导数 $\partial E(u)/\partial X<0$，这就说明纳税人的申报额逐渐增加时，其预期效用是逐渐下降的。反之，则预期效用是递增的。作为纳税人选择避税的条件，即必须降低纳税人的申报额 X 以实现预期效应的最大化，同时就会伴随着纳税行为的发生。例如在 $PE<1$，并且 $X=Y$ 时，纳税人就会选择避税策略。

（3）避税水平的影响效应分析。上述模型都是对避税模型展开的浅层次分析，未能深入挖掘变量间内部关系。接下来，我们将对避税模型中影响避税水平的变量进行深入分析，包括罚款率 F、纳税人收入 Y、避税被查处的概率 P、税率 t 以及心理成本因素 θ，分析这些因素是否会对纳税人的避税水平产生影响？影响效果如何？从而对变量与申报额之间的关系展开讨论。

①纳税人申报所得 X 和个人所得 Y 的关系。

通过式（1-6）可得出：

$$(F-1)\cdot P\cdot u'(B)=(1-P)u'(A)$$

对上式求出关于 X、Y 的全微分，得出：

$$P\cdot(F-1)\cdot u''(B)\mathrm{d}B=(1-P)u''(A)\mathrm{d}A$$

$$P\cdot(F-1)\cdot u''(B)\mathrm{d}[(1-\theta)Y-tX-Ft(Y-X)]=(1-P)u''(A)\mathrm{d}(Y-tX)$$

对上述式子进行整理后得：

$$\partial X/\partial X=-\frac{P(F-1)u''(B)(1-\theta-Ft)-(1-P)u''(A)}{P(F-1)u''(B)(Ft-t)+(1-P)u''(A)t}$$

阿罗—普拉特（Arrow-prate）的绝对风险厌恶测度认为：

$$R_A=-u''(A)/u'(A)$$

$$R_B=-u''(B)/u'(B)$$

再结合$(F-1)P \cdot u'(B)=(1-P)u'(A)$，将三个式子代入$\partial X/\partial Y$中，通过整理得出：

$$\partial X/\partial Y=\frac{R_B(Ft+\theta)-(R_B-R_A)}{R_BFt-t(R_B-R_A)}$$

由于$B<A$，因此$RB>RA$，即$RB-RA>0$，而$t<1$这一条件可得出，当个人的心理系数θ无限趋于0时，就可以得到$\partial X/\partial Y<1$。

纳税人实际所得Y的增加速率要大于其申报所得X的增加速率，也就是tX和Y的差距会随着Y的增加而增加，同时避税水平也会随着Y的增加而增加。即当X增加时，Y会增加地更快，因此可得出（$Y-tX$)的数值是整体增加的。

但当$\theta \to 1-\frac{Ft(Y-X)-tX}{Y}$时，就有$\partial X/\partial Y>1$。$\theta$逐渐升高，$Y$的增速就会低于$X$的增速。即：$tX$和$Y$之间的差距将不断缩小，也就是避税水平会随着$Y$的增加而下降。

由此可知，纳税人收入Y对申报所得X的影响取决于心理成本系数θ的大小，即不确定纳税人收入对避税水平的影响。

②税率t和纳税人申报所得X的关系。

同理，对式（1-6）两边求出关于t、X的全微分，整理后得出：

$$\partial X/\partial t=-\frac{(1-P)u'(Y)[X(R_B-R_A)+F(Y-X)R_B]}{H}$$

因为$H<0, R_B-R_A>0$，$(Y-X)>0, R_B>0$，$1-P<1$，$u'>0$，所以$\partial X/\partial t>0$。这就说明税务机关的税率t和纳税人的申报所得X之间是正相关关系，即随着税率t的上升，纳税人申报所得X也会增加，同时避税水平就会减少。

③纳税人申报所得X与避税被税务机关查处的概率P的关系。

同理，对式（1-6）两边求出关于P、X的全微分后得出：

$$d[(F-1)u'(B)]=d(1-P)u'(A)$$

$$(F-1)u'(B)dP+(F-1)\cdot P\cdot u''(B)dB=(1-P)u''(A)dA$$

$$\partial X/\partial P = -\frac{(F-1)u'(B)+u'(A)}{H}$$

由于 $H<0$，$F-1>0$，$u'(B)$，$u'(A)>0$，所以可得出 $\partial X/\partial Y>0$，即纳税人避税被查处的概率 P 增加时，纳税人申报所得额 Y 也会增加，也就是避税水平会减少。换言之，根据预期，因为避税被查处的概率增加导致避税带来的利益对纳税人的吸引力降低。

④纳税人心理成本系数 θ 和申报所得额 X 的关系。

对式 $(F-1)P\cdot u'(B)=(1-P)u'(A)$ 的两边求出关于 θ、X 的微分，整理后可得：

$$\frac{\partial X}{\partial Y}=\frac{(F-1)P\cdot u''(B)\cdot Y}{t[(F-1)P\cdot u''(B)F+(1-P)u''(A)]}>0$$

结果表明：θ 的增加会使得其纳税申报所得额 X 也随之增加，也就是心理成本系数的增加使得纳税人减少避税水平，并提升依法纳税的意识。

⑤税务机关对避税的罚款率 F 和纳税人申报所得额 X 的关系。

与③的分析同理，对式（1-6）求出 F，X 的全微分得出：

$$\partial X/\partial Y = -\frac{Pu'(B)-P(F-1)u''(B)t(Y-X)}{H}$$

因为 $u''(B)<0$，所以上述式子的分子第二项也必定是大于 0 的，又因为 $Pu'(B)>0$，所以分子整体上是大于 0 的。而分母 H 是小于 0 的，因此可得出 $\partial X/\partial F>0$。

这就表明当税务机关对避税的惩罚力度加大时，即罚款率 F 上升时，纳税人申报所得额 X 也会随之上升，即罚款率的上升会导致纳税人避税水平的降低。

纳税人选择避税的行为可用下图直观地表示出来：当纳税人避税被查出的概率为 P 时，纳税人每隐瞒应税收入一元钱就会产生查出后的边际罚款率 Ft，若心理成本系数等于 θ，就可以得出纳税人每避税一块钱，其被税务机关查处后产生的边际成本就是 $PFt+\theta P$，也就是 $MC=PFt+\theta P$；当税务机关制定的税率为 t 时，纳税人避税一元钱都会产生 $MR=t$ 的边际收益。由于边际收益等于边际成本，也就是 $MC=MR$ 时，两条曲线形成的交点也就是纳税人避税的均衡点，如图 1－3 所示。

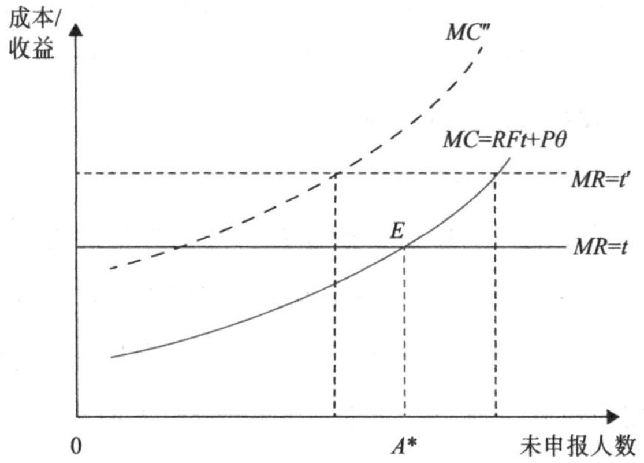

图 1－3　避税行为效应（1）

如果纳税人避税的处罚率和被查处的概率 P 比较大，同时边际税率 t 比较小时，也就是边际收益远远小于边际成本（$MR << MC$）时，按照成本收益原理，收益曲线和成本曲线就不会相交，这表明纳税人就不会发生避税行为，也就是避税水平等于 0，纳税人选择如实申报所得额。示意图如图 1－4 所示。

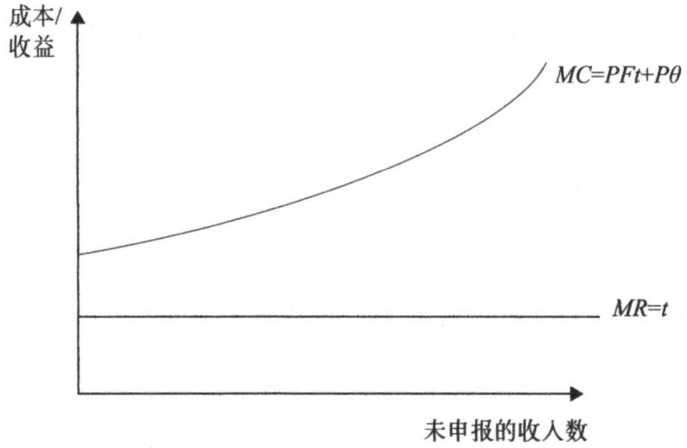

图 1－4　避税行为效应（2）

（二）制度对纳税人避税道德成本影响的模型数理推导分析

上述关于纳税人的避税模型都是在避税人无道德负担、超道德的前提下建构的。但现实生活中，纳税人选择避税时就会衡量自身地位、良心、名誉的得失，这必定会造成道德方面的成本。再加上避税是违法行为，因此避税者就会不可避免的产生心理成本，即负罪感。此外，避税者如果想避税成功，还需要一定的实施成本，如雇佣顾问、避税过程的设计等，并且税务机关在税收征管的过程中发生的寻租行为也是需要考虑的。完整的避税模型需要综合考虑上述因素。

假设纳税人所得为 Y，避税金额是 $T1$，选择避税的比率为 λ，而 $T1 = f(\lambda Y)$，f 表示函数；纳税人的纳税额为 $T2$，而 $T2 = f(Y - \lambda Y)$；因此纳税人应纳税的总额应当为 T，并且 $T = T1 + T2$；纳税人提供给税务机关的贿赂额占其避税总额的比率为 α，并且 $\alpha < 1$；纳税人的税后所得用 R 表示，罚款率为 π，被税务机关查到避税的概率为 P。

由此，修正后的避税模型为：

$$\max_{\lambda>0} E(R) = \max_{\lambda>0} \{(1-P)(Y-T_2-\alpha T_1) + P[Y-T_2-\alpha T_1-\pi(T-T_2)]\}$$

按照条件有：

$$\partial E/\partial\lambda = 0$$

$$\partial^2 E/\partial\lambda^2 < 0$$

也就是

$$\partial E/\partial\lambda = 0 \Leftrightarrow (1-P)(T'_2Y-\lambda YT'_1) + P(T'_2-\alpha T'_1-T'_2) = 0 = \varphi(P,\pi,\alpha,\lambda)$$

$$\partial^2 E/\partial\lambda^2 < 0 \Leftrightarrow \frac{\partial\varphi(P,\pi,\alpha,\lambda)}{\partial\lambda} = H < 0 \Leftrightarrow H = T''_2Y''(P\pi-1) - \alpha T''_1 < 0$$

除开 λ 这个最优解外，还是跟传统分析一样，研究分析处罚率 π、逃税成本 α 以及稽查概率 P 对避税比例 λ 的影响。

（1）避税比例 λ 与避税被查到的概率 P 的关系。

$$\partial\lambda/\partial P = \partial\varphi/\partial P \cdot \partial\lambda/\partial\varphi = (\partial\varphi/\partial P)/(\partial\varphi/\partial\lambda)$$

$$= \frac{[-(T''_2Y-\lambda YT'_1) + (T'_2Y-\alpha T'_1) - \pi T'_2Y]}{H} < 0$$

这反映出避税被查处的概率 P 和避税比例 λ 之间属于反向关系，即避税被查处的概率 P 的增加会使得纳税人避税比例 λ 的减少，也就是避税水平的降低。

（2）避税比例 λ 与受贿比率 α 的关系。

$$\begin{aligned}\partial\lambda/\partial\alpha &= (\partial\varphi/\partial\alpha)/(\partial\varphi/\partial\lambda)\\ &= [-(1-P)YT'_1 - PT'_1 Y]/H\\ &= T'_1 Y/H < 0\end{aligned}$$

这表明受贿比例 α 上升会引起纳税人避税水平的降低。这是由于受贿比例 α 的增加，会造成避税成本的增加，这就会使避税的收益减少，同时这也反映出税务人员如果是被请去饭局或自身小贪小拿就会在一定程度上助长纳税人避税。而避税心理成本与避税水平的关系是跟避税比例 λ 与受贿比例 α 的关系属于一样的原理。

（3）避税比例 λ 和罚款率 π 的关系。

$$\begin{aligned}\partial\lambda/\partial\pi &= (\partial\varphi/\partial\pi)/(\partial\varphi/\partial\lambda)\\ &= PT'_2 Y/H < 0\end{aligned}$$

这反映出罚款率 π 的上升会导致纳税人避税比例的减少，也就是国家关于税务的司法制度完备性会对纳税人的避税比率产生影响，当国家司法机关对纳税人的避税查处罚款率增加时，纳税人的避税比率就会减少。

（三）制度实施机制对纳税人避税影响的模型数理推导分析

上述的分析都是基于纳税人的角度来分析纳税人的避税，仅仅是考虑到了罚款率（F）以及稽查概率（P）等外生变量对纳税人避税行为的影响，是片面性的避税模型。由于避税关系涉及纳税人与征税机关双方，税务机关征管力度的强弱是税收制度实施机制完善与否的体现，因而我们需要对税务机关在避税模型中的行为进行分析。

税务机关具有的征管目标是促进纳税人自然申报的准确度以及达成税收收入目标。税务目标就是指税收征管效率，而保证纳税人申报准确度是指在自动申报纳税的制度下进一步降低纳税人实际申报所得和应纳税额的差异。税务机关的主要征管活动就是稽查，就是在 N 件申报纳税书中随机抽样出 A 件进行检查，对于多收的税款进行退税，对于偷税漏税的进行追征。因为税务机关会受到追查成本的限制，经费有限，税务机关无法对任意的避税金均展开追征，通常只有对一定数量的避税金额才能展开追征。

由此，我们在这一假设前提下对高于 S 金额的多收税款进行退税，对高于 M 税额以上的避税金展开追征。

假设纳税人被查出的错纳税额为 H，该变量服从正态分布。由于税务机关的征管活动是在一定经费预算限制下进行的，但是反避税活动还需要追加成本，所以就要求税务机关在有限的经费下展开最佳的资源配置来打击避税行为，从而达成税收征管目标。

按照上述理论分析，本书将构建税务机关的目标函数如下：

$$\max D_A + R_A$$

$$\text{s. t. } B^* \geqslant B; \quad G \geqslant G^*$$

G^* 表示税务机关的收入目标；B^* 表示税务机关的经费预算限制；π 是避税的罚款率。

$$B = E_N + C_A + Q_A + Z_A$$

$$G = T_N + (1+\pi) D_A - R_A$$

$Z_A(Z_A>0)$ 是退税的成本；B 是税务机关的预算经费支出；$Q_A(Q_A>0)$ 是税务机关对 A 件偷税漏税进行追征的成本；$E_N(E_N>0)$ 是税务机关处理全部申报的成本；$C_A(C_A>0)$ 是税务机关检查抽样 A 件花费的成本；R_A 是税务机关查出多缴税的预期数值；G 是预期的全部收入；D_A 是税务机关查出避税额的预期值；$T_N(T_N>0)$ 是申报 N 件的税收收入。同时：

$$L = D_A + R_A + \lambda_0(B^* - B) + \lambda_1(G - G^*)$$

其中，λ_0、$\lambda_1>0$。

若要求出 L 的最大值，只需求 L 关于 S、M、A 的二阶与一阶导数就可以了，这和上一节的分析步骤类似，此次省略。这次的分析主要针对这一模型来探讨税务机关的收入目标 G^* 调整、预算经费 B^* 与税务机关反避税活动之间的关系。接下来将依次探讨这些变量对反避税活动的影响。

（1）政府收入目标 G^* 调整与反避税行动的关系。

在 B^* 固定的情况下，当政府制定的税务机关税收收入目标 G^* 提升时，税务机关只有减少退税案件或者多查避税案件才能实现税收目标，也就是 $\partial S/\partial G^*<0$ 和 $\partial M/\partial G^*<0$。在保持税务机关完成任务程度（$G-G^*$）

以及原有的预算收支差额（$B^* - B$）不变的基础上，G^* 增加对查出金额 $DA + DR$ 的影响和它对 L 的影响相同，也就是：

$$\partial D_A/\partial B^* + \partial D_R/\partial B^* = -\lambda_1 \tag{1-9}$$

G^* 每上升一元，就会导致边际补税额与边际退税的差为 1。

即：$$(1+\pi)\partial D_A/\partial G^* = 1 + \partial D_R/\partial G^* \tag{1-10}$$

上述两个式子相加可得 $\partial D_A/\partial G^* = (1-\lambda_1)/(2+\pi) > 0 \Rightarrow \lambda_1 < 1$，将式子代入（1-10）中可得：$\partial D_R/\partial G^* = -[\lambda_1(1+\pi)+1]/(2+\pi) < 0$

这就表明，若 B^* 不变，而 G^* 增加时，就会导致税务机关在预算约束下进行相互竞争，同时在一定程度上会致使税务机关少查退额案以及多查避税案的情形发生。

（2）预算经费 B^* 调整与反避税行动的关系。

如果 B^* 增加，就会有 $\partial M/\partial B^* > 0$，$\partial S/\partial B^* < 0$，跟上述（1）的分析同理，就有：

$$\partial D_A/\partial B^* + \partial D_R/\partial B^* = \lambda_0$$

$$(1+\pi)\partial D_A/\partial B^* = \partial R_A/\partial B^*$$

两式相减可得：

$$\partial D_A/\partial B^* = \lambda_0(\lambda_0 + \pi) > 0$$

$$\partial R_A/\partial B^* = \lambda_0(1+\pi)/(2+\pi) > 0$$

税务部门只有具有充足的经费预算收入，才会增加对于补税以及退税案件的处理，也就是说，若政府可以进一步完善申报制度，就能减少退税案件的发生，同时也有助于税务机关的稽查征税。

通过对上述模型的分析，可以得出下列的结论：

第一，纳税人心理成本系数的增加将会导致避税水平的降低以及申报额的增加。

第二，若纳税人属于风险规避者，那么个人所得的上升对于纳税人申报所得额的影响是无法明确的。在心理成本系数比较大，同时个人所得也比较大时，个人所得的增加就会引发避税水平的降低；在心理成本系数比较小时，随着个人所得的增加，纳税人避税水平也会增加。

第三，在绝对风险逐渐减小时，若 $PF>1$，提升税率就会使得纳税人申报额的增加，进而降低其避税水平。

第四，司法机关对避税行为的惩罚率以及执法严格程度或税务机关稽查避税的概率的增加，均会使纳税人依法纳税的意识加强，进而降低避税行为发生的可能性。

第五，提升避税的成本，进一步加大税务监督力度，就可以使得税务机关贪污受贿的成本转嫁到避税者的合法收入上，而不是避税金额上，这一定程度上会降低纳税人避税水平。

综上所述，税收制度的完善与否、税收征管力度的强弱等制度因素会直接影响纳税人的避税成本和收益，进而对纳税人避税行为的选择有着重要的影响。当税收制度越健全，税收征管力度越强，纳税人的避税成本上升，避税收益随之下降，纳税人会趋向放弃避税，选择遵从纳税制度。这充分说明了制度对纳税人避税行为的约束作用。

二、征纳税双方串谋避税行为的模型分析

（一）税务稽查成本影响征纳双方合谋避税的博弈模型数理推导分析

对避税行为的监管过程中，纳税人是行为的发出者，是重点监管对象。纳税人身份往往不是单独剥离出来的，在现实生活中，存在征税人同时也是纳税人的现象。当纳税人包含双重身份时，其不同身份代表的利益也不同，可能存在冲突。因此，考虑到征税人双重身份的特殊情况，本书将对模型进行修正。此外，还应考虑纳税人与征税人合谋避税的情况，税务机关需要对征税人进行一定的监管，以监察机关考核稽查征税人工作，确保其行为合乎规范，有效防范合谋避税行为的发生。合谋避税的博弈树如图 1－5 所示。

图 1－5 为四阶段动态博弈模型。第一阶段，纳税人为行为发出者，行为是选择避税与否；第二阶段，税务机关为行为发出者，行为是稽查与否，即针对纳税人的纳税申报情况进行稽查；第三阶段，征税人为行为发出者，行为是合谋与否，即征税人针对稽查结果选择是否与纳税人合谋；第四阶段回归纳税机关，税务机关针对纳税利益相关方进行稽查，从上述

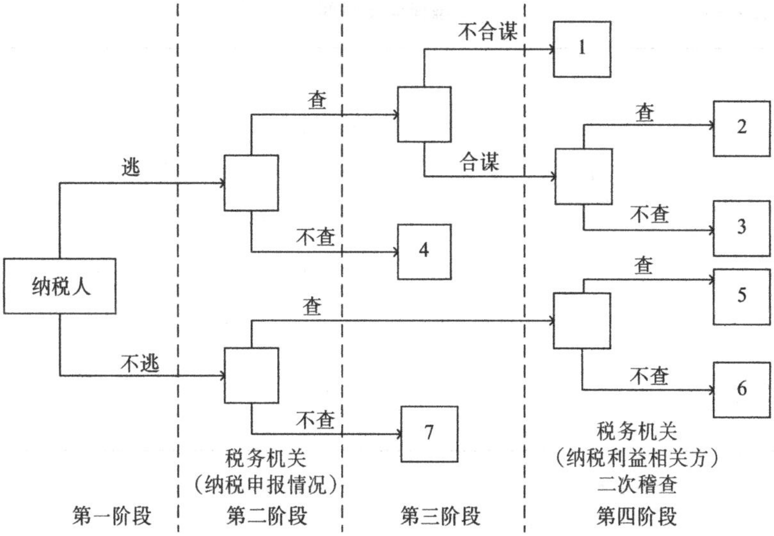

图 1-5　三人动态博弈

第三阶段结果中确认是否需要二次稽查，进一步对征税人工作进行考核。其中，如果征税人与纳税人进行合谋，一次稽查后并未发现该种避税行为，税务机关则需要对纳税人进行二次稽查，但该种结果仍不能说明纳税人是不存在避税行为还是合谋避税成功。因此，这一个博弈模型的子博弈模型也是其模型本身。假设纳税人与征税人间存在行贿行为，该行为属于避税成本，其比例系数假定为政府规定税率的 0.2，而其中政府稽查纳税人的费用为 200，稽查概率为 0.4。例如某个纳税人的税前收入为 1000，他选择避税，因为上报给税务机关的收入是 700，那么其生存底线就只有 260。当前展开如下分析：税务机关展开二次稽查，也就是对征税人的无避税案例展开再次稽查的概率是 p_1，花费的稽查成本为 c_1；税务机关对纳税人和征税人合谋避税的信念是 μ，合谋的罚款率是 F_1，$g<1$。由此，避税参与人的支付矩阵如表 1-1 所示。

根据支付矩阵可知：税务机关是否选择对征税人再次展开稽查，关键点在于稽查支付成本是否高于不稽查支付成本。即 $(yt + 2F_2 - c - c_1)\mu > ty - c$ 时，税务机关就会选择对征税人展开稽查，但是相反地，如果 $(yt + 2F_2 - c - c_1)\mu < ty - tx$，税务机关就不会对征税人展开稽查。纳税人在考

表 1-1 动态博弈支付矩阵

	1	2	3	4	5	6	7
纳税人	$(1-t)y-F_1$	$(1-t)y-gx-F_2$	$(1-t)y+(1-g)x$	$(1-t)y+tx$	$(1-t)y$	$(1-t)y$	$(1-t)y$
征税人	0	$gx-F_2$	gx	0	0	0	0
税务机关	$yt+F_1-c$	$yt+2F_2-c-c_1$	$yt-tx-c$	$yt-tx$	$yt-c-c_1$	$yt-c$	yt

注：其中 $F_1=ftx$；$F_2=f_1tx$。

虑是否避税前就需要综合分析税务机关与征税人两方的行为，同时征税人也要考虑税务机关是否会对其实施二次稽查。假如征税人与纳税人对$(yt+2F_2-c-c_1)\mu>ty-c$的预期相同时，征税人就会选择不合谋，同时纳税人也会放弃避税，这时税务机关不稽查与纳税人不避税就达到一个均衡状态，即均衡结果：不避税，不稽查，不合谋，不稽查。当$(yt+2F_2-c-c_1)\mu<ty-tx$时，纳税人与征税人均清楚税务机关不会对其展开稽查，因此最佳策略是合谋，即纳税人选择实施避税，均衡结果：避税，稽查，合谋，不稽查。

只有满足征税人与纳税人对上述两个不等式展开一致性估计的条件，才能实现上述两个均衡状态，稍有偏差，则不能实现纯均衡策略。其中，纳什均衡属于参与人博弈的一致性估计，若全部参与人都预期出将有一个特定的纳什均衡发生，那么大家都不会选择非纳什均衡的策略，即纳什均衡发生。可是若一个博弈存在不止一个纳什均衡，而全部参与人要预测出相同的纳什均衡是比较困难的。在这一情形下，即便是全部参与人都预测到纳什均衡会发生，可是若所有参与人预估到的不是相同的纳什均衡，那么就会认定真实出现的不属于纳什均衡。若征税人认为$(yt+2F_2-c-c_1)\mu<ty-tx$，而纳税人则认为$(yt+2F_2-c-c_1)\mu>ty-c$，纳税人就会选择不避税，由此征税人进行稽查的过程中就无法和纳税人展开合谋避税。

案例分析：如果税务机关制定的税率是0.2；税务机关首次稽查的成本是$c=10$；再次稽查的成本是$c=120$；而合谋避税的罚款率是$f_1=6$；避税但选择不合谋的罚款率是$f_1=3$，纳税人与征税人合谋的先验理念是μ，避税者贿赂征税者成本占避税总额的比例是$g=0.6$。当前有某个纳税人的应纳税收入y为1200，上报给税务机关的收入不能低于900。如果$\mu>9/29$，那么$(0.2\times1200+3\times300\times4\times0.2-10-120)\times\frac{9}{29}>1200\times0.2-10$，满足$(yt+2F_2-c-c_1)\mu>ty-c$，纳税人就会更倾向于选择不避税，由此纳什均衡策略就是不避税，不稽查，不合谋，不稽查。相反地，如果$\mu<9/29$，那么$(0.2\times1200+3\times300\times4\times0.2-10-120)\times\frac{9}{29}<1200\times0.2-10$，即满足不等式$(yt+2F_2-c-c_1)\mu<ty-tx$，这时如果纳税人与征税人都预期$\mu<9/29$，那么纳税人与征税人就会选择合谋避税，纳税人的最佳反应就是合谋避税。此时均衡结果：避税、稽查、合谋、不稽查。可是当纳税人与征税人选择不一致时，就不会出现均衡策略。这时纳税人就会随机选择策略，并且在当中寻求合谋避税的机会。

（二）税务稽查对合谋避税约束机制的博弈模型数量推导分析

1. 引入稽查官的防合谋约束机制的模型构建

考虑到税制结构包括纳税人、稽查官、政府三级，为有效防止合谋避税的发生，必须在防合谋模型中引入稽查官这一因素。纳税人包括不避税与避税两种类型，假设纳税人不避税产生的边际收益是0，而选择避税产生的边际收益是$\bar{\theta}$，也就是说纳税人的类型属于离散分布$\Theta=\{0,\bar{\theta}\}$。而纳税人是清楚自身属于什么类型，也就是清楚$\Theta$到底是0还是$\bar{\theta}$。但是稽查官无法清楚知道$\Theta$的具体数值，稽查官只是和纳税人一样清楚，$\Theta=\bar{\theta}$与$\Theta=0$的概率分别等于$1-v$与$v$。同时，当$\Theta=0$时，稽查官只能获取到空信号$\sigma=\phi$；当$\Theta=\bar{\theta}$时，稽查官获得可验证信号$\sigma=\bar{\theta}$的概率是$x$，获得空信号$\sigma=\phi$的概率为$1-x$。这就是说：若纳税人选择不避税，那么稽查官就探测不到任何信号；若纳税人选择避税，那么稽查官有可能会检查出避税情形，也有可能任何信号都测不出来。在这一信息假设下，稽查官具有漏放避税的纳税人的可能性，因为其即使获取信号 $\sigma = \bar{\theta}$，也可以抹杀该信号并谎报 $\sigma = \phi$；而稽查官诬陷依法纳税者的可能性为零，因为这一情形下仅有一个可验证信号为 $\sigma = \phi$。

假设全部局中人都属于风险中立者，并且直接以货币来衡量纳税人的效用，为 $U = \theta - \beta$，θ 是纳税人选择避税带来的社会效益，而 β 为政府为限制避税发生向纳税人收取的惩罚性支出，这一罚款的合约设为 $\beta = \{(\beta1, \phi), (\beta2, \bar{\theta})\}$，也就是若税务稽查官上报为 ϕ，那么政府就会对纳税人罚款 $\beta1$，若上报为 $\bar{\theta}$，政府就会对纳税人罚款 $\beta2$，而 $0 < \beta1 < \beta2$。假设，若纳税人获取效用高于保留效用，则选择避税。其中，保留效用属于外生性的，被规范化为零。

稽查官的效用等于 $V(s) = s$，s 为稽查官的货币报酬，合约为 $s = \{(s_1, \phi), (s_2, \bar{\theta})\}$，也就是若稽查官报告为 ϕ，政府对其支付 s_1，若报告是 $\bar{\theta}$，则支付其 s_2。但是，如果 $s_1 = s_2$，那么纳税人所得为固定收益，稽查官保留效用也被规范化为零。

假设：纳税人主动诚实申报，则政府税收收益为 R。风险中立政府的效用函数则是 $\pi = R + \beta - \theta - s - C$。其中，$C$ 是政府为了避免合谋而在事前设置的承诺性质投入，即：反合谋成本。反映政府税收所得收益与对纳税人的罚款，减去支付稽查官工资、反合谋成本以及社会成本后的净收益。同时假设 $C = C(\xi, r)$ 且 $C_\gamma > 0$、$C_\xi > 0$、$C_{\gamma\gamma} > 0$、$C_{\xi\xi} > 0$，合谋被发现的概率为 $\xi \in [\xi, \gamma]$，γ 为惩罚强度。假设 $C = m\gamma^2\xi/(1-\xi)$，此假设可以满足定义域与成本递增的约束条件，并且说明合谋概率为 100% 时对应成为 ∞。其中，m 属于成本系数，可衡量合谋的侦察技术大小。即：m 与合谋侦察技术水平成反向相关关系。最后，假设政府只能依赖稽查官了解纳税人。

纳税人、稽查官、政府三方可按下列顺序开展博弈：

第一，自然选择信号以及企业类型，企业可以明确类型，而信号则可以同时被稽查官与纳税人获取。

第二，政府分别为纳税人与稽查官提供总合同，并为打击合谋动机而展开最优化的承诺性支出；若明确稽查官无合谋动机，那么就不需要支付前述的承诺性投入。

第三，纳税人与稽查官提出拒绝或接受，如有任意一方表示拒绝，就结束博弈。

第四，纳税人与稽查官合谋单边转移支付 T。如果稽查官接受，就展开合谋博弈；如果拒绝，那么两者就按总合同规定展开非合作博弈。

第五，若在第二阶段政府就投入 $C(\xi,\gamma)$，那么稽查官和纳税人的合谋败露的概率为 ξ，败露后双方都将面临 γ 金额的惩罚；如果在第二阶段政府承诺性投入 $C=0$，那么合谋就不会败露，而且双方也不会被惩罚。

2. 无合谋解：防合谋的约束效率分析

首先，分析纳税人和稽查官不存在合谋的情形，这样方便后续与防合谋合约效率进行比较。无合谋具有两种情形：其一，雇佣稽查官，并且稽查官从不说谎，对政府绝对忠诚；其二，稽查官不存在，政府不雇佣稽查官。

其次，分析不雇佣稽查官的情形。因为假设政府完全不清楚纳税人的类型，并且纳税人自行申报纳税额，那么政府就不能依据申报税额来辨别纳税人的类型。因此，政府只能对所有纳税人提供同一种罚款合约 $\beta1=\beta2=\beta^*$，从而满足依法纳税者参与约束：

$$0-\beta_1\geqslant 0 \quad (1-11)$$

而避税人参与约束为：

$$\bar{\theta}-\beta_2\geqslant 0 \quad (1-12)$$

由于 $\beta_1=\beta_2=\beta^*$，所以式（1-12）的约束属于非紧的，将会有 $\beta_1=\beta_2=\beta^*=0$ 的均衡解。政府的预期收益是 $\pi^*=R-(1-v)0-v\bar{\theta}=R-v\bar{\theta}$；避税者将获取 $\bar{\theta}-0=\bar{\theta}$ 的信息租金。其原因为政府只能对全部纳税人实施统一的零罚款政策，所以避税者可以取得正的信息租金。

最后，分析雇佣稽查官的情绪。政府除了面临式（1-11）与式（1-12）的纳税人参与约束外，还将面对稽查官的参与约束。由此，不管

稽查官上报 ϕ 还是 $\bar{\theta}$ 都需要使保留效用不低于 0，也就是：

$$s_1 \geqslant 0 \tag{1-13}$$

$$s_2 \geqslant 0 \tag{1-14}$$

根据前文假定：稽查官不存在与纳税人合谋，因此政府无须考虑对稽查官进行诱导，进而产生使其真实上报的激励约束。在依法纳税者参与约束、避税人参与约束下，可求出最大化效用函数为：

$$\max_{(\beta_1,\beta_2)(s_1,s_2)} \hat{\pi} = R + (1-vx)\beta_1 + vx\beta_2 - v\bar{\theta} - vxs_2 - (1-vx)s_1 \tag{1-15}$$

由于假设是稽查官不合谋的情形，因此上式无须考虑反合谋需要的成本 C。以式（1－15）作为目标函数，式（1－11）～（1－14）作为约束的情形下，目标函数拟凹，同时委托人需要尽可能低的 $s1$ 与 $s2$，以及尽可能高的 $\beta1$ 与 $\beta2$。可以看出，式（1－11）～（1－14）都是紧约束，进而对约束条件直接取等号可得：$s_1^*=0$、$s_2^*=0$、$\beta_1^*=0$、$\beta_2^*=\bar{\theta}$。因此，政府提供给稽查官的报酬合约 s^* 为 $s^*=\{(0,\phi),(0,\theta)\}$，提供给纳税人的报酬合约 β^* 为 $\beta^*=\{(0,\phi),(\bar{\theta},\bar{\theta})\}$。通过一系列分析可知，基于稽查官绝对诚实上报的前提，政府将按照报告来明确对纳税人的罚款。如果上报的是 $\bar{\theta}$，就会对纳税人罚款 $\bar{\theta}$；如果上报的是 ϕ，将不会对纳税人罚款；并且政府将支付稽查官保留效应的固定工资为零。

按照式（1－15）可知，避税者的预期信息租金与委托人的预期收益分别是 $\bar{\theta}-x\beta_2-(1-x)\beta_1=(1-x)\bar{\theta}$ 与 $\hat{\pi}^*=R-(1-x)v\bar{\theta}$；而诚实的稽查官与依法纳税者获得租金都为零。相比较不雇佣稽查官的情形，雇佣稽查官时，只要概率 $x\neq 0$，就会产生 $(1-x)\bar{\theta}<\bar{\theta}$，也就是雇佣稽查官会导致避税者的租金降低；但 $R-(1-x)v\bar{\theta}>R-v\bar{\theta}$，则表明：政府预期支付增大。因此在政府不清楚纳税人类型与稽查官如实上报前提下，雇佣稽查官对纳税人展开稽查可以有效剥夺避税者的部分信息租金，对政府而言属于有利影响。

3. 有合谋解：防合谋激励合约的构建

因为纳税人也会同时知道稽查官获得的是何种信号，可推论出：若稽查官取得空信号 $\sigma=\phi$，就不会惩罚纳税人。与此同时，纳税人亦无须贿赂稽查官。若稽查官获取纳税人避税信号为 $\sigma = \bar{\theta}$，那么纳税人为抹杀掉这一信号，就需要从潜在的罚款中抽出部分钱去贿赂稽查官，这就促使合谋的可能性增大。

为避免上述情形发生，就需要构建一个防范合谋的合约，防范合谋的合约寻找的可以借助显示原理。即：所有的间接防合谋机制均可由直接机制来复制。找出纳税人和稽查官合谋的所需条件，并且寻求不满足这些条件的激励合约，也就是找出不构成合谋的条件，就不存在合谋的可能性。

根据上述博弈顺序中第四阶段的假设可知，纳税人被检查出避税时，为抹杀“避税”这一信号，就需要向稽查官支付 T 来贿赂稽查官。假设这一单边支付还需要支付交易费用，即纳税人支付 T 时，稽查官只能拿到 λT，$\lambda \in (0,1)$ 体现出单边支付交易费用的大小，λ 与交易费用反向相关。纳税人和稽查官合谋败露的概率为 ξ；并且合谋败露后，双方还需要支付 γ 金额的惩罚金。

纳税人避税被发现后，如果选择支付 T 并和稽查官合谋，则合谋的预期收益将高于不合谋收益，也就是必须满足：

$$\bar{\theta} - T - (1-\xi)\beta_1 - \xi\gamma \geqslant \bar{\theta} - \beta_2 \quad (1-16)$$

同时，稽查官选择合谋必须满足合谋的预期收益是高于不合谋收益的，也就是：

$$s_1 + \lambda T - \xi\gamma \geqslant s_2 \quad (1-17)$$

只有上述两个式子至少成立一个，才满足合谋条件。根据式(1-16)、式（1-17）可得：

$$s_2 - s_1 + \xi\gamma/\lambda \leqslant T^* \leqslant \beta_2 - (1-\xi)\beta_1 - \xi\gamma \quad (1-18)$$

式（1-18）是合谋的条件，两个不等号必须至少满足一个才成立。那么防合谋的条件就是 T^* 为空集，即：纳税人不管支付多少贿赂金，稽查官都不会与之合谋。而最左边的式子如果等于或大于最右边的式子的话，就可以保证 T^* 是空集。由此，防合谋条件为：

$$(s_2 - s_1 + \xi\gamma)/\lambda \geqslant \beta_2 - (1-\xi)\beta_1 - \xi\gamma$$

通过改写可得：

$$s_2 - s_1 \geqslant \lambda\beta_2 - (1+\lambda)\xi\gamma \qquad (1-19)$$

如果已满足防合谋激励约束式（1－19），那么政府的决策目标就转变为无合谋下的决策。因此，这一规划问题可总结如下：

$$\max_{(\beta_1,\beta_2)(s_1,s_2)}\hat{\pi} = R + (1-vx)\beta_1 + vx\beta_2 - v\bar{\theta} - vxs_2 - (1-vx)s_1 - m\gamma^2\xi/(1-\xi) \qquad (1-20)$$

s. t.

$0-\beta_1 \geqslant 0$ （IR1：依法纳税者参与约束）

$\bar{\theta}-\beta_2 \geqslant 0$ （IR2：避税者参与约束）

$s_1 \geqslant 0$ （IR3：稽查官参与约束）

$s_2 \geqslant s_1$ （IC：稽查官激励约束，诚实上报信号）

$s_2 - s_1 \geqslant \lambda\beta_2 - (1+\lambda)\xi\gamma$ （CPIC：防合谋激励约束）

$\xi \in [0,1]$ （合谋败露的概率取值约束）

$\gamma > 0$ （惩罚力度大于 0 才有经济意义）

上述式子中，省略了稽查官不谎报的参与约束上 $s2>0$，这是由于考虑到 $s2 \geqslant s1$ 与 $s1 \geqslant 0$ 成立时，$s2>0$ 必然成立，就无需再构成约束。对上述规划问题进行求解，因为 IR1、IR2、IR3 是紧条件，所以就有 $\beta_1^*=0$，$\beta_2^*=\bar{\theta}$，$s_1^*=0$。CPIC 与 IC 两个条件中，如果 $s2-s1 \geqslant 0$，那么 CPIC 是紧条件；否则 IC 就是紧条件。假设 $s2-s1 \geqslant 0$，那么 $s_2 - s_1 = \lambda\beta_2 - (1-\xi)\beta_1 - (1+\lambda)\xi\gamma = \lambda\bar{\theta} - (1+\lambda)\xi\gamma \geqslant 0$，于是就有 $s_2^* = \lambda\bar{\theta} - (1+\lambda)\xi\lambda$。将 β_1^*、β_2^*、s_1^*、s_2^* 代入目标式，并且分别对目标式就 ξ、γ 展开一阶优化，也就是解得：$\xi^*=1/2$，$\gamma^*=vx(1+\lambda)/4m$；那么可得出 $s_2^* = \lambda\bar{\theta} - vx(1+\lambda)^2/8m$。又因为这一情况下要求 $s_2^*>0$，也就是这一情况只会在 $m>vx(1+\lambda)^2 8\lambda\bar{\theta}$时才成立。

如果 $s_2 - s_1 < 0$，那么 IC 属于紧条件，可得 $s_2 = s_1 = 0$。可是这一情况只在 $m < vx(1+\lambda)^2/8\lambda\bar{\theta}$时成立，即在 $s_2 - s_1 < 0$ 时，政府就必须选择合适的 γ^*、ξ^* 使得 $\lambda\bar{\theta} - (1+\lambda)\xi^*\gamma^* < 0$ 成立，可是选择时还需要考虑到成本

的最小化问题，也就是 $\min[m\gamma^2\xi/(1-\xi)]$。这属于政府的规划问题，按照成本收益原则可知：$\xi^*=1/2,\gamma^*=vx(1+\lambda)/4m$ 成立。

通过总结上述分析可知，存在 $m^*=vx(1+\lambda)^2/8\lambda\bar{\theta}$，当反合谋需要较高成本（成本系数 $m>m^*$）时，政府会对稽查官实施防合谋激励合约：$s^*=\{(0,\phi);(\lambda\bar{\theta}-vx(1+\lambda)^2/(8m),\bar{\theta})\}$；当反合谋成本比较低（成本系数 $m<m^*$）时，那么政府将实施固定报酬合约：$s^*=\{(0,\phi),(0,\bar{\theta})\}$，即政府对稽查官无需激励，不管稽查官提供的报告是否属实，都只会对其支付保留效用水平的报酬。如果稽查官缺乏激励也不会选择合谋，是由于政府对避税的惩罚力度大，导致其无法平衡合谋的代价与预期收益。

按照式（1－20）以及规划解得出防合谋合约下政府需要支付：

$\hat{\pi}^*=R+vx\bar{\theta}-v\bar{\theta}-m\gamma^{*2}$

由于 $s_2^*\geqslant0$，$\gamma^*>0$，而稽查官在缺乏奖励并且忠诚的状态下，政府支付是 $\hat{\pi}^*=R+vx\bar{\theta}-v\bar{\theta}$，当 x 大于 0 时，就会有 $\frac{J}{\pi}^*<\hat{\pi}^*$。

由于政府在不雇佣稽查官的情形下，需要支付 $\pi^*=R-v\bar{\theta}$，也就有 $\frac{J}{\pi}^*>\hat{\pi}^*$。所以，如果稽查官不忠诚，选择和纳税人共同合谋避税，这时政府选择雇佣稽查官来稽查纳税人也属于占优策略。相比不雇佣稽查官的政策，政府选择展开严格的防合谋合约是对其更加有利的。这时不存在均衡合谋情形，究其原因，是由于前述已假设稽查官只有一种类型，若假设合谋具有多种类型，或者稽查官具有多种类型，那么在一定条件下就会出现均衡合谋现象。

由此可见，从征纳税双方的角度来看，纳税人避税行为是否能够成功，取决于该行为对双方所带来的成本与收益的高低。通常税务稽查的力度越强，税收制度的实施机制越完善，征纳税双方合谋避税所产生的成本会越高，相应收益则会下降，因而双方合谋的可能性就会减少，所以完善正式制度和实施机制能够有效约束征纳税双方，从而减少避税行为成功的几率。

第二章　中国企业避税的现状与成因分析

第一节　中国企业避税现状

一、中国企业避税概况

中国企业的税收规避问题十分严重。2005 年，我国反避税调查平均个案补税金额仅为 127 万元，反避税对税收贡献仅为 4.6 亿元；但到了 2014 年，我国反避税调查的平均个案的补税金额就高达 3068 万元，可以增加税收 523 亿元，短短 10 年间，就增长了 23 倍。安体富、王海勇（2004）通过研究指出，我国 50% 以上的各种类型企业、90% 以上的个人都有不同程度的偷逃税行为。薛菁（2011）认为，我国 50% 以上的大中型企业、80% 以上的个体私营企业和小型企业都有不同程度的逃避缴纳税款现象。近些年税务机关加大了对企业的税务稽查力度，严厉打击了企业的避税行为，取得了一定的成果，但我国企业的避税规模仍然在扩张。

进入信息化时代，数字经济的发展对我国的税制体系带来巨大挑战。由于企业国际化的步伐逐步加快以及避税技术的不断创新，加上我国的税制并不完善、税收征管手段跟不上数字化发展等原因，中国的避税问题日趋严重。2012 年，我国外资工业企业增值税和所得税避税规模达到 6270.35 亿元，占当年中国涉外税收总收入的 28.8%（杨海燕、庄序莹，2014；黄丹，2014），而这仅仅是对外资工业企业避税规模的估算，还没有包含其他行业。

目前，我国企业避税主要体现以下两个特点：

1. 企业避税手段多样化

随着网络计算的发展，转移定价、网上交易、税收优惠、虚假申报都可以成为企业避税的手段。在类型上，不仅包括所得税等直接税避税，还包括增值税等间接税避税。根据国际货币基金组织专家对中国税收流失情况的研究，增值税、所得税、关税、消费税是我国税收流失的主要税种，其中增值税流失率为44%，所得税流失率为79%，关税流失率为56%，消费税流失率为40%。这说明企业避税行为基本涵盖了我国目前的主要税种，对我国财政收入的影响很大。

2. 不同性质企业的避税情况差异大。据国家税务总局抽样调查显示，在不同经济类型的企业中，国有企业避税比例不低于40%，集体所有制企业在50%以上，而私营企业避税比例则高达80%以上，企业避税行为十分普遍。私营企业是我国经济发展的重要支撑，也是我国税收收入的重要组成部分。因此，应当重点关注对私营企业避税行为的约束。

而且以上所分析的避税规模，还不包括我国规模庞大的地下经济所导致的税收流失。可见，了解我国企业的避税行为的总体规模，采取措施积极应对这个问题是必然的选择。但是对于避税规模的测算，世界各国普遍缺乏准确的核算方式，特别是对一国地下经济所导致的税收流失缺乏统一核算标准，一般是以偷逃税或税收流失的口径对地下经济和公开经济进行综合性测算。因此，下面会从地下经济和公开经济两个方面分开估算我国经济避税的规模。

二、避税规模测算方法

对中国企业避税规模进行估算存在很多困难，首先，企业避税具有很强的隐秘性，尤其是规模庞大的地下经济更是让人难以察觉。由于信息的不对称，税务机关能够掌握的企业避税行为是极少数。企业通过各种手段，甚至聘请专业的筹划人员对企业的税负进行规避，税务机关一般的税务检查工作是很难发现其规模的。其次，目前我国也缺乏一个非常有效的方法去准确衡量中国的总体避税规模。由于中国统计局并没有系统科学地统计过我国经济的避税规模，目前是没有一个比较权威的统计数据说明这一问题，因而本书只能根据目前可以查询到资料对我国企业的（逃）避的整体规模进行估算，以求对中国企业的整体税收规避状况有一个直观的反映。对于避税规模的测算思路现在主流的统计原则是从地上、地下两个方面估算企业避税的整体规模。具体的测算方法大致有9种：货币法、物质投入法、劳动力市场法、缺口法、法定税收潜力法、调查法、不变税率法、税收赦免、特别税务审计（张德勇，2004）。其中货币法又分为固定比率法、现金比例法和现金等式法，它被广泛地用于地下经济的测算。由于测算方法很多，学者们一般根据自己的研究需要进行选择。本书也是从地下经济和地上经济两个方面来估算企业避税的整体规模，因此采用了两种不同的方法来分别估算。

在地下经济方面，本书借鉴了 Cagan（1958）的现金比例法测算了我国地下经济的情况进而推算出了我国地下经济的避税规模①。而公开经济方面，采用潜在收入能力测算法衡量了公开经济中的避税规模，即首先测算出主要税种的潜在的税收收入能力，再与实际征收的数额相比较，其差额就视为税收流失的规模。

三、中国避税规模估算

（一）地下经济避税规模估算

逃避政府的监察、管制以及税收等经济行径均属于“地下经济”活动，其涉及的经济环节甚广，如消费、流通、生产以及分配等。这种现象在世界范围内十分常见，属于公认的“经济黑洞”。

1. 测算方法：现金比例法

（1）基础模型。

---

① Cagan P., The Demand for Currency Relative to the Total Money Supply [J]. Journal of Political Economy, 1958, 66: 303 - 328.

通常，人们会选择现金交易的方式来进行地下经济活动，由于这种方式很难留下稽核线索，因此严重阻碍了有关政府的察觉和监管，有效起到了逃税避税的作用。即在忽略干扰因素的前提下，可通过计算社会中流通现金在银行存款中的占比情况来间接体现出地下经济活动的活跃程度，本着这个思路，Cagan 在 1958 年提出了现金比率模型，并在“二战”时期隐性经济的计算工作中得到了应用。具体模型结构如下所示：

$$M_o = C_o + C_u \tag{2-1}$$

$$D = D_o + D_u \tag{2-2}$$

$$K_o = \frac{C_o}{D_o} \tag{2-3}$$

$$K_u = \frac{C_u}{D_u} \tag{2-4}$$

$$V_o = \frac{Y_o}{C_o + D_o} \tag{2-5}$$

$$V_u = \frac{Y_u}{C_u + D_u} \tag{2-6}$$

式（2－1）中的 M_o、C_o、C_u 分别表示在不同领域的现金余额，即流通领域、公开经济领域、地下经济领域。式（2－2）中的 D、D_o、D_u 分别表示在不同领域的活期存款余额，即实际领域、公开经济领域、地下经济领域。式（2－3）中的 K_o、K_u 分别表示在不同领域的现金对活期存款的比率，即公开经济领域、地下经济领域。式（2－4）中的 Y_o、Y_u 分别表示的是不同领域的 GDP，即公开经济领域、地下经济领域。式（2－5）中的 V_o、V_u 分别表示不同领域的收入周转速度，即公开经济领域、地下经济领域。在此，本书设地下经济规模为 Y_u，其一般解可通过式（2－1）和式（2－6）的代换整理获得，结果如下所示。

$$Y_u = \frac{V_o}{V_u} \times Y_o \times \frac{(K_u + 1) \times (M_o - K_o D)}{(K_o + 1) \times (K_u D - M_o)} \tag{2-7}$$

此时令 $\beta = \frac{V_u}{V_o}$，那么代入式（2－7）中可得：

$$Y_u = \frac{1}{\beta} \times Y_o \times \frac{(K_u + 1) \times (M_o - K_o D)}{(K_o + 1) \times (K_u D - M_o)} \tag{2-8}$$

为了避免因隐性经济数据资料难以获取带来的干扰，通常会提出三个限制性十分严格的假设来简化现金比率模型的估算流程。

假设 1：现金是地下经济活动中唯一的交易工具，杜绝支票活期存款的使用，此时会有：$D_u \to 0, K_u = \frac{C_u}{D_u} \to +\infty$

假设 2：不改变人们在公开经济活动中的现金对活期存款比率，即不改变 K_o。

假设 3：公开经济的收入周转期速度等于地下经济的收入周转期速度，即$\frac{V_u}{V_o} = 1$。

式（2-8）在这三个假设条件的约束下可转化为：

$$Y_u = Y_o \times \frac{M_o - K_o D}{(K_o + 1) \times D} \tag{2-9}$$

现金比率模型下的地下经济规模测算化简后的表达式由式（2-9）所示。在假设 1 和假设 2 条件下，若要通过该模型来完成地下经济规模的测算，那么就需要合理的选择基期年来固定参数 K_o，同时亦需获取 Y_o、C_o 以及 D_o 的数据，但这类数据是可以查阅的，因此，可排除对测算的干扰，且 M_o 和 C_o，D 和 D_o 在较小的隐性经济中的基期年近似相等，故 $K_o = \frac{M_o}{D}$。基于此，只需选择基期年来固定 K_o 即可①，而后固定参数 K_o，进行地下经济规模的测算。

（2）改进模型。

虽然上述的三个假设条件的限制性十分苛刻，但在现实中，地下经济的交易工具并不止现金一种。有关调查显示，通过现金交易的地下经济行径只有 50%，由此可见，以现金作为地下经济唯一的交易工具的假设所测

① 基期年的选择在国内早有先例，国内学者通常会以 1982 年作为基期年。

算出来的地下经济规模会远小于实际的地下经济规模。同样，偷税逃税的规模也会小于实际的偷税逃税规模，存在一定的误差性。此外，以某一年作为基期年来测算地下经济规模同样会与实际地下经济规模存在较大的出入，理由有二：一是选定基期年的地下经济规模为零；二是进行测算时的 K_o 完全来自基期年的 K 值。

为了避免或抑制这种测算带来的地下经济规模误差，应对现金比率模型进行适当的修正与改进，具体如下所示。

修正 1：放宽现金是地下经济活动中唯一的交易工具的假设，综合使用货币供给中的两类货币来进行地下经济模型的测算工作，分别是狭义货币 M_1 和广义货币 M_2。我国在流动性的基础上将货币供给分为 M_0、M_1 以及 M_2 这三个不等的层次。其中，M_0 指的是银行外流通的现金，其流动性在这三个层次中是最强的，同时与多种经济行为存在紧密联系，如城乡个人消费行为、个体与集体的经济交易行为；M_1 是由 M_0 与活期存款结合而来的，因此 M_1 具备 M_0 拥有的紧密联系，除此之外，M_1 还与社会的生产与投资存在紧密的联系；M_2 是由 M_1 与各种存款结合而来的，如定期储蓄存款等，因此与 M_2 存在紧密联系的是长时期的全社会需求。

综上所述，准货币的定义式可由 $M = M_2 - M_1$ 表示，如此便可把式(2－9)中的 M_o 和 D 分别放宽为 M_1 和 M，从而放宽现金是地下经济活动中唯一的交易工具的假设，满足地下经济的实际状况。经放宽后的式子如下所示：

$$Y_u = Y_o \times \frac{M_1 - K_o M}{(K_o + 1) \times M} \tag{2-10}$$

修正 2：国内学者基本上会选择某一年作为基期年来固定参数 K_o，进而对地下经济规模进行计算，前文已对此方法的缺陷已经进行了说明，因此此处需要重新定义 K_o。此外，从式（2－3）也可以看出，K_o 能将某段时间人们对短期存款与现金的需求情况体现出来，那么在进行收入的分配工作时亦需按照相应的比例进行，故进一步表明了 K_o 需要重新定义的说法。具体如下：第一，分析现金的时间序列数据，获取时间趋势方程；第二，分析短期存款的时间序列数据，获取时间趋势方程；第三，将两个方程的系数进行比较，获得两者间的比值便可获得 K_o。此时通过被重新定义后的 K_o 测算出来的结果会更加趋向于实际结果，因为综合了地下经济活动交易中的现金与非现金方式，打破了前文假设的局限性。

2. 我国地下经济逃税规模测算

（1）基础模型。

在对地下经济规模进行计算前需要明确 K_o 的取值，本书选取了 1982 年作为基期年来获取 K_o①。K_o 最终的结果如下所示。

$$K_o = \left(\frac{M_o}{D}\right)_{1982} = \frac{439.12}{1435.94} = 0.3058 \quad (2-11)$$

本书在选定基期年（1982 年）的基础上，通过式（2－11）对国内 2001—2015 年的地下经济规模与地下逃税避税规模进行了测算②，得到的结果不管是地下经济规模还是地下逃税避税规模均会小于实际的地下经济规模和地下逃税避税规模，原因前文已经交代清楚，此处就不再赘述。因此，现金比率法通常测算出来的结果会小于实际结果，具体如表 2－1 所示。

表 2－1　2001—2015 年我国地下经济税收流失规模测算情况③　单位：亿元

年份	2001	2002	2003	2004	2005
流通中的现金（*Mo*）①	15688.8	17278	19745.9	21467.3	24031.7
活期存款余额（*D*）②	44182.8	53604	64372.6	74501.4	83247.1
地下经济规模（*Yu*）③	4184.61	1540.5	99.33	－2188	－2456.01
国内生存总值（*Yo*）④	110863.1	121717.4	137422	161840.2	187318.9
实际税收征收额⑤	15301.38	17636.45	20017.31	24165.68	28778.54

① 原因有二：第一，该年属于改革开放的初级阶段，地下经济规模还处于萌芽阶段；第二，商品经济在改革开放的带动下得到了发展，提高了经济的货币化程度，因此，可降低经济货币化对地下经济规模测算的影响。

② 因为 2016 年我国进行了营业税改增值税，为了数据的统一，所以选取 2001—2015 年间的数据统计。

③ 数据来源：Mo、D、Yo 以及实际税收征收额来自《2016 年中国金融年鉴》；其余数据均由笔者计算所得。

续表

年份	2001	2002	2003	2004	2005
宏观税率⑥=⑤/④（%）	13.80	14.49	14.57	14.93	15.36
地下经济税收流失规模⑦=③*⑥	577.56	223.21	14.47	-326.71	-377.33
税收流失率⑧=⑦/（⑤+⑦）（%）	3.64	1.25	0.07	-1.37	-1.33
年份	2006	2007	2008	2009	2010
流通中的现金（*Mo*）①	27072.4	30375.2	34219	38246	44628.2
活期存款余额（*D*）②	98962.5	122184.9	131998.2	181755.5	221993.4
地下经济规模（*Yu*）③	-5417.53	-11837.35	-11393.14	-25423.55	-33137.98
国内生产总值（*Yo*）④	219438.5	270232.3	319515.5	348081.4	413030.3
实际税收征收额⑤	34804.35	45621.97	54223.79	59521.59	73210.79
宏观税率⑥=⑤/④（%）	15.86	16.88	16.97	17.10	17.73
地下经济税收流失规模⑦=③*⑥	-859.26	-1998.44	-1933.49	-4347.4	-5873.8
税收流失率⑧=⑦/（⑤+⑦）（%）	-2.53	-4.58	-3.70	-7.88	-8.72
年份	2011	2012	2013	2014	2015
流通中的现金（*Mo*）①	50748.5	54659.8	58574.4	60259.5	61198.4
活期存款余额（*D*）②	239099.2	254044.5	278716.6	287796.9	303467.6
地下经济规模（*Yu*）③	-35054.98	-37509.44	-43598.21	-47549.84	-54668.37
国内生存总值（*Yo*）④	489300.6	540367.4	595244.4	643974.0	685505.5
实际税收征收额⑤	89738.39	100614.28	100530.7	119175.31	124922.20
宏观税率⑥=⑤/④（%）	18.34	18.62	16.89	18.51	18.22
地下经济税收流失规模⑦=③*⑥	-6429.13	-6984.11	-7363.29	-8799.68	-9962.42
税收流失率⑧=⑦/（⑤+⑦）（%）	-7.72	-7.46	-7.90	-7.97	-8.67

从表2-1可以看出，2004—2015年的地下经济税收流失规模均为负值，不符合常理。造成这种现象的原因有两种：第一，假设不合理；第二，*Ko*值仅以1982年作为基期年来获取缺乏严谨性。故通过现金比率模型测算出来的结果会比实际结果小，所以导致表2-1中部分地下经济税收流失规模出现了负值现象。

（2）改进模型。

重新确定*Ko*的取值，通过分析流通中的现金*Mo*和活期存款*D*的时间序列数据来获取对应的时间趋势方程，并将两个方程系数的比值作为*Ko*

的取值。在对表 2－1 中的第 1、2、3 列数据进行线性回归时的基期年仍为 1985 年，且 $t=1$。*Mo* 的线性回归结果中，R_2 值为 0.891，*F* 值为 237.050（伴随概率：0.0000），而 *D* 的线性回归结果中，R_2 值为 0.811，*F* 值为 124.455（伴随概率：0.0000），最终结果如表 2－2、表 2－3 所示[①]。

表 2－2　　　　*Mo* 的线性回归结果

Model	B	Std. Error	Beta	t	Sig.
(Constant)	－4071040.706	265791.249		－15.317	0.000
Year	2046.098	132.894	0.944	15.396	0.000

表 2－3　　　　*D* 的线性回归结果

Model	B	Std. Error	Beta	t	Sig.
(Constant)	－19643462.906	1768507.053		－11.107	0.000
Year	9864.580	884.245	0.901	11.156	0.000

从上述回归分析结果来看，*Mo* 和 *D* 对应的时间趋势方程可如下所示[②]。

$$M_o = -4071040.706 + 2046.098t \quad (2-12)$$

$$D = -19643462.906 + 9864.580t \quad (2-13)$$

此时只要联立时间趋势方程 *Mo* 与 *D* 的系数比便可获得 *Ko*，具体如下所示。

$$K_o = \frac{2046.098}{9864.580} \approx 0.2074 \quad (2-14)$$

由于 *Ko* 约等于 0.2074，可将 1985—2015 年的相关数据带入式(2－10)中来测算对应年份的地下经济规模，详细的测算结果如表 2－4 所示。

从数据结果来看，表 2－4 测算出来的地下经济规模明显比表 2－1 中测算出来的地下经济规模要大。原因有两点：第一，表 2－4 在测算地下经济规模时，将通过现金和非现金的交易的地下经济活动都纳入了测算的范

---

① 采用 SPSS22.0 测算所得。

② 基期年为 1985 年，$t=1$。

表 2-4　　国内 1985—2015 年地下经济税收流失在改进模型下的规模测算情况　　单位：亿元

年份	2001	2002	2003	2004	2005
流通中的现金（Mo）①	59871.6	70881.8	84118.6	95969.7	107278.8
活期存款余额（D）②	93016.9	114125.2	137104.3	158137.2	191476.9
地下经济规模（Yu）③	40057.6	41703.69	46225.11	53545.89	54745.12
国内生存总值（Yo）④	110863.1	121717.4	137422	161840.2	187318.9
实际税收征收额⑤	15301.38	17636.45	20017.31	24165.68	28778.54
宏观税率⑥=⑤/④（%）	13.80	14.49	14.57	14.93	15.36
地下经济税收流失规模⑦=③*⑥	5528.77	6042.73	6733.29	7995.37	8410.71
税收流失率⑧=⑦/（⑤+⑦）（%）	26.54	25.52	25.17	24.86	22.62

年份	2006	2007	2008	2009	2010
流通中的现金（Mo）①	126035.1	152560.1	166217.1	220001.5	266621.5
活期存款余额（D）②	219568.5	250882.1	308949.5	386223.5	459230.3
地下经济规模（Yu）③	66629.89	89680.87	87488.96	104425.07	127659.48
国内生存总值（Yo）④	219438.5	270232.3	319515.5	348081.4	413030.3
实际税收征收额⑤	34804.35	45621.97	54223.79	59521.59	73210.79
宏观税率⑥=⑤/④（%）	15.86	16.88	16.97	17.10	17.73
地下经济税收流失规模⑦=③*⑥	10567.93	15140.37	14847.43	17856.59	22628.01
税收流失率⑧=⑦/（⑤+⑦）（%）	23.29	24.92	21.50	23.08	23.61

年份	2011	2012	2013	2014	2015
流通中的现金（Mo）①	289847.7	308664.2	337291.1	348056.4	400953.4
活期存款余额（D）②	561743.2	665484.6	769223.9	880318.4	991324.7
地下经济规模（Yu）③	125052.09	114759.27	113922.83	100257.91	111882.79
国内生存总值（Yo）④	489300.6	540367.4	595244.4	643974	685505.5
实际税收征收额⑤	89738.39	100614.28	100530.7	119175.31	124922.2
宏观税率⑥=⑤/④（%）	18.34	18.62	16.89	18.51	18.22
地下经济税收流失规模⑦=③*⑥	22934.72	21367.72	19240.4	18553.96	20388.81
税收流失率⑧=⑦/（⑤+⑦）（%）	20.36	17.52	16.06	13.47	14.03

围；第二，撤销了极为苛刻的假设条件，即以某年作为基期年，且该年地下经济规模等于零。

为了更加直观地展现出 2001—2015 年地下经济税收流失规模、地下经济规模以及税收流失率分别在基础模型和改进模型基础上的变化情况，借助表2-1和表2-4中的数据作出了对应的变化趋势图，具体如图2-1、图2-2、图2-3所示。

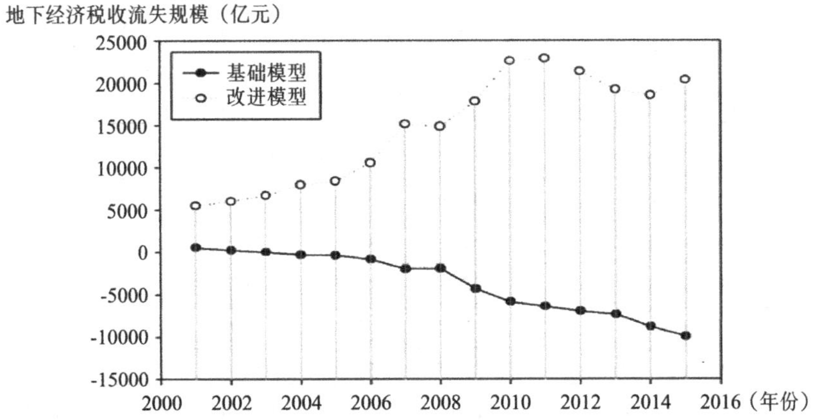

图2-1 地下经济税收流失规模变化情况

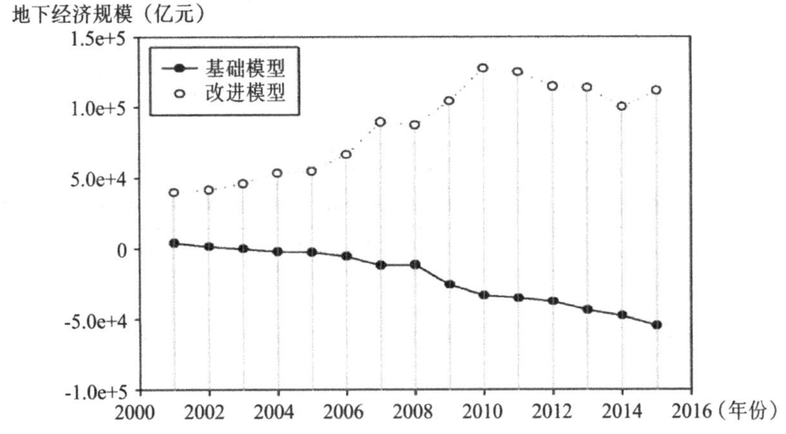

图2-2 地下经济规模变化情况

从变化趋势上看，地下经济税收规模与地下经济规模基本相同，有增有减，而税收流失率均处于下滑的趋势。

在现金比率法基础模型下，国内地下经济税收流失规模和地下经济规模在2001—2007年这段时间里均处于平缓下滑趋势，虽然在2007—2008年这段时间里表现出了上升的趋势，但上升的幅度并不明显，且上升的时

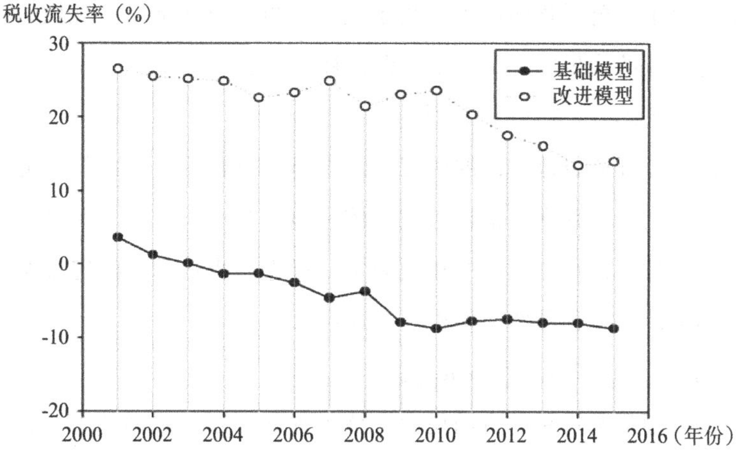

图 2-3　税收流失率变化情况

间跨度较短，在 2008—2015 年这一大段时间里又基本回落趋于较为平缓的下滑趋势。此外，除了 2001—2003 年的值为正数外，其余皆为负值，国内地下经济规模介于 -54668.37 亿元至 4184.61 亿元之间，地下经济税收流失规模介于 -9962.42 亿元至 577.56 亿元之间，税收流失率介于 -8.72% 至 3.64% 之间。如前文所述，现金比率法基础模型测算结果为计算的地下经济税收流失规模也将偏低甚至出现负值，并不符合事实。

在现金比率法改进模型下，国内地下经济税收流失规模和地下经济规模总体呈现上升趋势，并且在 2010 年达到峰值。2010 年至 2014 年呈现小幅度下降趋势，随后又反转呈现上升趋势。此外，采用现金比率法改进模型所得 2001 年至 2015 年期间，国内地下经济规模与地下经济税收流失规模均为正值，税收流失率介于 13.47% 至 26.54% 之间，相比基础模型而言，更加契合事实。

总的来说，通过现金比率法模型得到的结果不能直接作为实际结果使用，但从数额的绝对值上看，地下经济税收流失规模和地下经济规模是有增无减的，而税收流失率则不然，其在国内市场经济体制不断完善的约束下得到了一定程度的抑制和削减。尽管如此，地下经济税收流失规模和地下经济规模的走势仍不断偏高，不但造成了偷税漏税现象的加重，而且还抑制了社会走向公平化的进程。基于此，应当削减地下经济规模，减少因地下经济引发的偷税漏税的发生，促进社会的公平发展。

（二）地上经济避税规模估算

在政府公开监督范围内的所有经济项目的总称为公开经济。通过公开经济所产生的国民财富全部计入政府统计范畴当中。在每个税种、税额一定的前提条件下，结合税法的相关规定，可进一步得到由法定税基和法定税率所构成的每个税种的应纳税额公式：

$$L_{某税种的应纳税额} = TB_{法定税基} \times R_{法定税率} \tag{2-15}$$

接着，根据某税种的应纳税额与该税种的实际征收额的关系，可进一步得到关于该税种的税收流失额的计算式子：

$$L_{某税种的税收流失额} = L_{该税种的应纳税额} - L_{该税种的实际征收额} \tag{2-16}$$

那么，通过将全部税种的税收流失额进行求和，最终可得到公开经济意义上的税收流失规模的公式：

$$T_{公开经济中的税收流失总额} = A + B + C + D + \cdots + N \tag{2-17}$$

上述公式中的 A、B、C、…、N 依次对应某个税种的税收流失率。

例如，假设 T_1 为根据税法要求所规定应征收的税额，T_2 为该税种的实际征收额，那么由两者的差额可得到关于税收流失额 T_L 的计算公式，即式 2-18：

$$T_L = T_1 - T_2 \tag{2-18}$$

1. 增值税逃税规模测算

$$\begin{aligned} A_{增值税收入能力} &= L_{销项税额} - L_{进项税额} \\ &= \sum (V_{应税产品总产值} - V_{应税产品投入值}) \times R_{适用税率} \\ &= \sum V_{应税产品的增加值} \times R_{适用税率} \end{aligned} \tag{2-19}$$

根据我国现行增值税条例及其实施细则规定可知，生产、零售、进口商品、修配劳务、批发、修理、加工，为增值税征收范畴。其中，修理劳务和加工由于在数据收集方面较为困难，加之该部分所占的税额比例较低，因此，在测算时可以将其省略不计。这样一来，可进一步得到由工业企业应交增值税、进口环节应交增值税、批发零售企业应交增值税这三者所构成的关于测算增值税税收收入能力的公式，即式 2 - 20：

$$A_{增值税收入能力} = T_{工业企业应交增值税} + T_{批发零售企业应交增值税} + T_{进口环节应交增值税} \quad (2-20)$$

（1）工业企业的增值税应税能力（见表 2 - 5）。

表 2 - 5　　工业企业的增值税应税能力情况

项目 \ 年份	2001	2002	2003	2004	2005
GDP（亿元）	43580.6	47431.3	54945.5	65210	77230.9
标准税率（%）	17	17	17	17	17
法定支出（%）	20	20	20	20	20
应税额（亿元）	5926.96	6450.66	7472.59	8868.56	10503.39
项目 \ 年份	2006	2007	2008	2009	2010
GDP（亿元）	91310.9	110534.9	130260.2	135239.9	160722.2
标准税率（%）	17	17	17	17	17
法定支出（%）	20	20	20	20	20
应税额（亿元）	12418.28	15032.75	17715.39	18392.63	21858.22
项目 \ 年份	2011	2012	2013	2014	2015
GDP（亿元）	188470.2	199670.7	210689.4	233856.4	236506.3
标准税率（%）	17	17	17	17	17
法定支出（%）	20	20	20	20	20
应税额（亿元）	25631.95	27155.22	28653.76	31804.48	32164.86

（2）批发零售企业的增值税应税能力（见表 2 - 6）。

表 2 - 6　　批发零售企业的增值税应税能力情况

项目 \ 年份	2001	2002	2003	2004	2005
商品销售总额（亿元）	35153.3	40090.3	48613.2	86928.6	93151.3
商品购进总额（亿元）	32489.05	36885.94	45383.9	82337.2	87530.9
标准税率（%）	17	17	17	17	17
法定支出（%）	20	20	20	20	20
应税额（亿元）	362.34	435.79	439.18	624.4	764.37

续表

项目 \ 年份	2006	2007	2008	2009	2010
商品销售总额（亿元）	110054.8	132740.8	208229.8	201166.2	276635.7
商品购进总额（亿元）	103139	128912.5	184039.3	179202.9	248040.9
标准税率（%）	17	17	17	17	17
法定支出（%）	20	20	20	20	20
应税额（亿元）	940.55	520.65	3289.91	2987.01	3888.89
项目 \ 年份	2011	2012	2013	2014	2015
商品销售总额（亿元）	360525.9	410523.7	496603.8	507669.6	558322.8
商品购进总额（亿元）	328160.3	378314.8	451265.1	460647.4	506363.4
标准税率（%）	17	17	17	17	17
法定支出（%）	20	20	20	20	20
应税额（亿元）	4401.72	4380.41	6166.06	6395.02	7066.48

（3）进口环节增值税的应税能力（见表2－7）。

表2－7　　进口环节的增值税应税能力情况

项目 \ 年份	2001	2002	2003	2004	2005
货物进出口额（亿美元）	2435.53	2951.7	4127.6	5612.29	6599.53
标准税率（%）	17	17	17	17	17
法定支出（%）	20	20	20	20	20
当年美元与人民币平均兑换率	8.277	8.277	8.277	8.2768	8.1917
进口环节应缴增值税能力（亿元）	2741.61	3322.65	4646.32	6317.45	7352.35
项目 \ 年份	2006	2007	2008	2009	2010
货物进出口额（亿美元）	7619.3	9561.16	11325.67	10059.23	13962.44
标准税率（%）	17	17	17	17	17
法定支出（%）	20	20	20	20	20
当年美元与人民币平均兑换率	7.9718	7.604	6.9451	6.831	6.7695
进口环节应缴增值税能力（亿元）	8260.58	9887.62	10697.48	9345.19	12854.55

续表

项目＼年份	2011	2012	2013	2014	2015
货物进出口额（亿美元）	17434.84	18184.01	19499.9	19592.4	16795.6
标准税率（%）	17	17	17	17	17
法定支出（%）	20	20	20	20	20
当年美元与人民币平均兑换率	5.4588	6.3125	6.2075	6.1428	6.2401
进口环节应缴增值税能力（亿元）	12943.57	15610.97	16462.2	16367.90	14253.65

（4）增值税的应税能力。

在已知工业企业增值税应税能力、进口环节增值税应税能力以及批发零售企业增值税应税能力的前提下，运用加总求和的运算方式，可得到每个年度增值税的应税能力，在此基础上，通过与同年增值税的实际征收税额进行相减，其中同年增值税的实际征收税额作为减数，能够得到关于增值税流失规模的测算结果，详见表2－8。

表2－8　　　　增值税的流失规模状况

项目＼年份	2001	2002	2003	2004	2005
增值税应税能力（亿元）	9030.91	10209.1	12558.1	15186.01	18620.11
增值税实证额（亿元）	7090.77	8141.18	7341.37	12593.65	14867.07
增值税流失规模（亿元）	1940.14	2067.92	5216.73	2592.36	3753.04
流失额占实证额的比例（%）	27.36	25.4	71.06	20.59	25.24
项目＼年份	2006	2007	2008	2009	2010
增值税应税能力（亿元）	21619.41	25441.01	31702.77	30724.82	38601.66
增值税实证额（亿元）	17755.94	21595.43	25266.41	26109.83	31451.58
增值税流失规模（亿元）	3863.47	3845.58	6436.36	4614.99	7150.08
流失额占实证额的比例（%）	21.76	17.81	25.47	17.68	22.73

续表

项目＼年份	2011	2012	2013	2014	2015
增值税应税能力（亿元）	42977.24	47146.6	51282.02	55559.57	59889.20
增值税实证额（亿元）	37210.03	40448.22	43548.35	48024.07	52029.31
增值税流失规模（亿元）	5767.21	6698.38	7733.67	7535.50	7859.90
流失额占实证额的比例（%）	15.5	16.56	17.76	0.14	0.13

2. 企业所得税的逃税规模

企业所得税流失总额在收入能力测算法的测算下，得到的结果如表2－9所示。

表2－9　　企业所得税流失规模的测算结果　　单位：亿元

项目＼年份	2001	2002	2003	2004	2005
国有及非国有规模以上工业企业所得税应纳税额	16473.45	19242.01	24533.06	30743.17	38681.48
税率（%）	33	33	33	33	33
应纳税额	4348.99	5079.89	6476.73	8116.2	10211.91
全国财政收入中的实际征收额度	2630.87	3085.79	2919.51	3957.33	5343.92
税收流失额	1718.12	1994.1	3557.22	4158.87	4867.99
流失比例（%）	39.51	39.25	54.92	51.24	47.67
项目＼年份	2006	2007	2008	2009	2010
国有及非国有规模以上工业企业所得税应纳税额	48895.85	65118.42	76724.32	85012.42	112487.2
税率（%）	33	33	25	25	25
应纳税额	12908.5	17191.26	15344.86	17002.48	22497.44
全国财政收入中的实际征收额度	7039.6	8779.25	11175.63	11536.84	12843.54
税收流失额	5868.9	8412.01	4169.23	5465.64	9653.9
流失比例（%）	45.47	48.93	27.17	32.15	42.91

续表

项目＼年份	2011	2012	2013	2014	2015
国有及非国有规模以上工业企业所得税应纳税额	133738.25	144750.32	161173.01	182807.53	201265.96
税率（%）	25	25	25	25	25
应纳税额	26747.65	28950.06	32234.6	36561.5	40253.2
全国财政收入中的实际征收额度	16769.64	19654.53	22427.2	25223.9	28083.1
税收流失额	9978.01	9295.53	9807.4	11337.64	12170.16
流失比例（%）	37.3	32.11	30.43	31.01	30.23

3. 营业税的逃税规模

营业税应税各行业的总产值和税收流失总额在税收收入能力测算法的测算下得到的结果分别如表 2－10、表 2－11 所示。

表 2－10　　营业税应税各行的总产值情况　　单位：亿元

项目＼年份	2001	2002	2003	2004	2005
建筑业	15361	18527	23084	29021	34552
交通、仓储、邮电业	14482	15795	16681	19550	22412
住宿餐饮业	2388	2712	3111	3289	3874
金融业	6313	6688	7233	7822	8828
房地产业	8997	10201	11779	10376	17576
综合服务业	38253	43692	49693	57597	68255

项目＼年份	2006	2007	2008	2009	2010
建筑业	41557	51004	62037	76808	96031
交通、仓储、邮电业	25599	30680	34381	35842	40331
住宿餐饮业	4699	5619	7417	7633	8030
金融业	11747	17895	21558	25712	30419
房地产业	20826	29889	25068	44355	43470
综合服务业	79291	95632	113969	125939	150873

续表

项目＼年份	2011	2012	2013	2014	2015
建筑业	116463	137281	159313	179938	201004
交通、仓储、邮电业	47287	51984	54842	60669	65492
住宿餐饮业	9128	10413	11249	12441	13535
金融业	36185	41644	46521	52134	57510
房地产业	51106	56022	59158	65434	70632
综合服务业	179132	203933	224971	251501	276211

表 2－11　　税收流失规模和各行业营业税额的测算情况　　单位：亿元

项目＼年份	2001	2002	2003	2004	2005
建筑业	461	556	693	871	1037
交通、仓储、邮电业	434	474	500	587	672
住宿餐饮业	119	136	156	164	194
金融业	505	535	362	391	441
房地产业	450	510	589	519	879
综合服务业	1913	2185	2485	2880	3413
总应纳税额	3882	4395	4784	5411	6636
实际征收额	2085	2468	2869	3584	4232
流失额	1798	1927	1915	1828	2404
流失率（%）	46.3	43.9	40	33.8	36.2
项目＼年份	2006	2007	2008	2009	2010
建筑业	1247	1531	1861	2304	2881
交通、仓储、邮电业	768	920	1031	1075	1210
住宿餐饮业	235	281	371	382	402
金融业	587	895	1078	1286	1521
房地产业	1041	1494	1253	2218	2174
综合服务业	3965	4782	5698	6297	7544
总应纳税额	7843	9903	11293	13561	15730
实际征收额	5130	6583	7628	9015	11159
流失额	2713	3321	3665	4546	4571
流失率（%）	34.6	33.5	32.5	33.5	29.1

续表

项目＼年份	2011	2012	2013	2014	2015
建筑业	3494	4118	4779	5398	6030
交通、仓储、邮电业	1419	1560	1645	1820	1965
住宿餐饮业	456	521	562	622	677
金融业	1809	2082	2326	2607	2876
房地产业	2555	2801	2958	3272	3532
综合服务业	8957	10197	11249	12575	13811
总应纳税额	18690	21279	23519	26294	28889
实际征收额	13680	15751	17233	18854	20650
流失额	5010	5527	6286	7439	8239
流失率（%）	26.8	26	36.5	28.3	28.5

4. 其他税种的逃税规模

其他税种流失规模在税收收入测算法的测算下，得到的结果如表2－12所示。

表2－12　其他税种流失规模的测算结果　单位：亿元

项目＼年份	2001	2002	2003	2004	2005
个人所得税	996.02	1211.07	1417.33	1736.2	2093.96
资源税	67.11	75.14	83.11	98.8	142.2
城市维护建设税	384.4	470.92	550.01	674.06	795.67
印花税	337.04	179.42	214.98	290.28	226.85
农牧业税、烟叶税和契税等	40.32	17.88	7.04	3.42	1.69
前五种税收实际征收额	1824.89	1954.43	2272.47	2802.76	3260.337
前五种税收应征额	2606.99	2792.04	3246.39	4003.94	4657.67
房产税	228.59	282.4	323.86	366.31	435.85
城镇土地使用税	66.18	76.84	91.57	106.22	137.35
土地增值税	10.33	20.51	37.29	75.05	140.31
房产类税收实际征收额	305.1	379.75	452.72	547.58	713.51
房产类税收应征额	508.5	632.92	754.53	912.63	1189.18
实际征收额	2129.99	2334.18	2725.19	3350.34	3973.88
流失额	985.5	1090.78	1275.73	1566.23	1872.97

续表

项目＼年份	2006	2007	2008	2009	2010
个人所得税	2452.67	3184.94	3722.31	3943.58	4837.27
资源税	207.02	261.02	301.64	338.22	417.55
城市维护建设税	939.73	1156.4	1344.2	1544.14	1887.1
印花税	376.64	2261.75	1320.15	901.47	1041.87
农牧业税、烟叶税和契税等	42.18	48.48	68.77	81.42	78.44
前五种税收实际征收额	4018.24	6912.59	6757.07	6808.83	8262.23
前五种税收应征额	5740.34	9875.13	9652.96	9726.9	11803.19
房产税	514.81	575.42	680.28	803.62	894.06
城镇土地使用税	176.81	385.47	816.89	920.99	1004.01
土地增值税	231.47	403.12	537.44	719.55	1278.29
房产类税收实际征收额	923.09	1364.01	2034.61	2444.16	3176.36
房产类税收应征额	1538.48	2273.35	3391.02	4073.6	5293.93
实际征收额	4941.33	8276.6	8791.68	9252.99	11438.59
流失额	2337.49	3871.88	4252.3	4547.51	5658.53

项目＼年份	2011	2012	2013	2014	2015
个人所得税	6054.088	5820.32	5684.25	5548.18	5412.11
资源税	598.83	904.22	1256.2	1608.18	1960.16
城市维护建设税	2777.48	3126.76	3317.94	3509.12	3700.3
印花税	1043.74	986.79	1141.86	1296.93	1452
农牧业税、烟叶税和契税等	91.42	4588.26	4986.55	5384.84	5783.13
前五种税收实际征收额	10565.55	15426.35	16386.8	17347.25	18307.7
前五种税收应征额	15093.64	22037.64	23409.71	24781.78	26153.85
房产税	1102.48	1372.48	1548.52	1724.56	1900.6
城镇土地使用税	1222.22	1540.72	1748.56	1956.4	2164.24
土地增值税	2062.79	2719.06	3024.28	3329.5	3634.72
房产类税收实际征收额	4387.4	5632.26	6321.36	7010.46	7699.56
房产类税收应征额	7312.33	9387.1	10535.6	11684.1	12832.6
实际征收额	14952.95	2158.61	22708.16	24357.71	26007.26
流失额	7453.02	10366.13	11237.15	12108.17	12979.19

5. 公开经济的逃税规模

公开经济中的税收流失规模可以通过对主要税种和其他税种测算求和来获取，其中，主要税种有：企业所得税、增值税以及营业税等；其他税种有：个人所得税、房产税、城市维护建设税、印花税、土地增值税、资源税以及关税等。结果如表2－13所示。

表2－13　税收流失规模在公开经济中的情况　单位：亿元

项目＼年份	2001	2002	2003	2004	2005
增值税	1940.14	2067.92	5216.73	2592.36	3753.04
企业所得税	1718.12	1994.1	3557.22	4158.87	4867.99
营业税	1798	1927	1915	1828	2404
其他税收	985.5	1090.78	1275.73	1566.24	1872.97
公开经济税收流失总额	6441.76	7079.8	11964.68	10145.47	12898
税收实征额	13936.63	16029.15	15855.07	23485.32	28416.87
公开经济税收流失占税收实征额的比例（%）	46.22	44.17	75.46	43.20	45.39
国民生产总值GNP	109276.2	120480.4	136576.3	161415.4	185998.9
公开经济税收流失占GNP的比例（%）	5.89	5.88	8.76	6.29	6.93

项目＼年份	2006	2007	2008	2009	2010
增值税	3863.47	3845.58	6436.36	4614.99	7150.08
企业所得税	5868.9	8412.01	4169.23	5465.64	9653.9
营业税	2713	3321	3665	4546	4571
其他税收	2337.5	3871.88	4252.29	4547.51	5658.53
公开经济税收流失总额	14782.87	19450.47	18522.88	19174.14	27033.51
税收实征额	34866.87	45234.28	52861.72	55914.66	66892.71
公开经济税收流失占税收实征额的比例（%）	42.40	43.00	35.04	34.29	40.41
国民生产总值GNP	219028.5	270844	321500.5	348498.5	411265.2
公开经济税收流失占GNP的比例（%）	6.75	7.18	5.76	5.50	6.57

续表

项目 \ 年份	2011	2012	2013	2014	2015
增值税	5767.21	6698.38	7733.67	7535.5	7859.9
企业所得税	9978.01	9259.53	9807.4	11337.641	12170.156
营业税	5010	5527	6286	7439	8239
其他税收	7453.03	10366.13	11237.15	12108.17	12979.19
公开经济税收流失总额	28208.25	31887.04	35064.22	38420.74	41248.3
税收实征额	82612.62	78012.36	105916.71	116459.856	126769.779
公开经济税收流失占税收实征额的比例（%）	34.15	40.87	33.11	32.99	32.54
国民生产总值 GNP	484753.2	539116.5	590422.4	644791.1	686449.6
公开经济税收流失占 GNP 的比例（%）	5.82	5.91	5.94	5.96	6.01

从整体来看，公开经济中的税收流失额与 GNP 之间的比重由 2003 年最高值 8.71% 下降至 2015 年的 6.01%，低于平均水平 6.33%，差值为 0.32%；而对于税收流失额与实际征收税额之间的比重，分两种情况来分析：第一种情况是主要税种的税收流失率在 2001—2015 年内处于下滑趋势，例如，营业税在 2001—2015 年期间的税收流失率从 2001 年的 46.3% 下降至 2015 年的 28.5%，增值税在 2001—2015 年期间的税收流失率从 27.36% 下降至 13.12%，又如，企业所得税在 2001—2015 年期间的税收流失率从 2003 年的 54.92% 下降至 2015 年的 30.23%；第二种情况是其他税种的税收流失率在 2001—2015 年内处于上升趋势，诸如房产税、土地增值税、资源税、关税、城市维护建设税、个人所得税、城镇土地使用税、印花税，等等。

（三）我国经济避税总规模估测（地下 + 公开）

国内税收流失总规模可通过对地下经济流失规模与公开经济流失规模的求和获得，具体如表 2 - 14 所示。

表 2-14　　国内税收流失总规模测算情况

项目/年份	2001	2002	2003	2004	2005
国民生产总值 GNP	109276.2	120480.4	136576.3	161415.4	185998.9
公开经济税收流失总额	6441.76	7079.8	11964.68	10145.47	12898
地下经济税收流失总额	5528.77	6042.73	6733.29	7995.37	8410.71
税收流失总额	11970.53	13122.53	18697.97	18140.84	21308.71
税收实征额	13936.63	16029.15	15855.07	23485.32	28416.87
税收流失占税收实征额的比例（%）	85.89	81.87	117.93	77.24	74.99
税收流失额占 GNP 的比重（%）	10.95	10.89	13.69	11.24	11.46

项目/年份	2006	2007	2008	2009	2010
国民生产总值 GNP	219028.5	270844	321500.5	348498.5	411265.2
公开经济税收流失总额	14782.87	19450.47	18522.88	19174.14	27033.51
地下经济税收流失总额	10567.93	15140.37	14847.43	17856.59	22628.01
税收流失总额	25350.8	34590.84	33370.31	37030.73	49661.52
税收实征额	34866.87	45234.28	52861.72	55914.66	66892.71
税收流失占税收实征额的比例（%）	72.71	76.47	63.13	66.23	74.24
税收流失额占 GNP 的比重（%）	11.57	12.77	10.38	10.63	12.08

项目/年份	2011	2012	2013	2014	2015
国民生产总值 GNP	484753.2	539116.5	590422.4	644791.1	686449.6
公开经济税收流失总额	28208.25	31887.04	35064.22	38420.74	41248.3
地下经济税收流失总额	22934.72	21367.72	19240.4	18553.96	20388.81
税收流失总额	51142.97	53254.76	54304.62	56974.7	61637.11
税收实征额	82612.62	78012.36	105916.71	116459.856	126769.779
税收流失占税收实征额的比例（%）	61.91	68.26	51.27	48.92	48.62
税收流失额占 GNP 的比重（%）	10.55	9.88	9.20	8.84	8.98

以整体为视角，对税收流失率的总规模进行测算分析可知，我国的

GNP 在 2001—2015 年呈较高的正向增长趋势，平均增长率为 14.13%。税收流失占税收实征额的比例从 117.93%（2003 年）下降至 48.62%（2015 年），税收流失总额占 GNP 的比重从 13.69%（2003 年）下降至 8.98%（2015 年）。由此可见，税收流失的治理取得实效。不过，基于我国社会仍处于改革和开放的时期，当前税收流失的绝对规模十分庞大，究其原因，是地下经济规模约占年国民生产总值的 20%，税收流失额较高，除此之外，还有跨境税源方面所带来的税收流失情况也相对严峻。

第二节　影响中国企业避税行为的制度因素

一、正式制度不完善

税收存在的意义在于市场机制的缺陷，为了弥补缺陷需要政府的干预，政府为了实现自己的职能需要通过税收的形式筹集资金，税收实际是将一部分属于纳税人的产权转移到国家手中。这种产权的转移是强制性的，所以必须要有强而有力的制度安排来实现这个目标，比如税收制度、法律规范等正式制度安排。目前，我国在税制体系等正式制度的建设方面还存在很多缺陷，这直接导致了企业避税行为的增加，下面我将从宪法及现行税收法律制度的缺陷去分析中国企业避税行为的原因。

（一）我国宪法涉税条款的缺失对企业避税行为的影响

1. 宪法涉税条款的现状

目前我国宪法中只有第五十六条直接涉及纳税问题，它强调中国公民有依法纳税的义务。这个条款很显然是从政府的角度来诠释税收的内涵，其重点在于“义务”，而非“权利”。对义务的片面强调，决定了我国的征纳税双方权利和义务的不对等关系。这个指导思想也贯穿到了我国涉税法律的立法工作中，无论是我国的税法还是征管法都主要强调纳税人的义务，对纳税人的权利提及较少。这也导致了在税收的征纳关系中，纳税人与税务机关的对立，这不利于纳税人税收遵从度的培养，对企业避税行为带来了激励作用。

2. 宪法涉税条款缺失对企业避税行为的影响

没有确定税收法定主义是我国宪法在涉税条款上最明显的缺失。一国的宪法没有确立税收法定主义，会导致征税机关的权力得不到有效约束，纳税人权益弱化。这种情况下，要征什么税、征多少税、怎么征都由税务机关说了算，很容易出现税权滥用的情况。从政府的角度来说，没有纳税人共同参与税制建设，必然是有缺陷的，往往会出现税制不合理、稳定性差等问题，税制的实施全靠税收法律的保障，纳税人只是被动地服从，税收遵从度低，征税成本必然是很高的，税法对企业的外部约束力就很低，从而导致企业避税行为的上升。这就是为什么我国现在正积极推进税收治理的现代化，其实就是要让纳税人共同参与税收的治理，然而确立税收法定主义是实现税收共治的前提条件。从纳税人的角度来说，由于其纳税权利得不到有效保障，就会产生税收仅仅是政府对其财产利益的剥夺，避税行为只是对自己利益保护的错觉，所以在获得经济利益后，首先想到的是把利益转走，不让政府征税，而社会公众也认为避税只是损害了政府的利益，跟自己无关，这样在社会中就会形成对避税行为比较宽容的态度，社会公众的纳税遵从度普遍不高，这种宽松的非正式制度又反过来进一步激励企业的税收规避行为。

（二）税收法律的不足对企业避税行为的影响

1. 税收法律法规不完善对企业避税行为的激励

一国税收法律制度完善与否是影响企业避税行为最重要的正式制度因素。因为税收法律是直接规范纳税人和税务机关行为的唯一标准，如果一国的税收法律、法规完善，正式制度的漏洞较少，企业避税行为的成本就会很高，税收规避的利益就会较少，企业税收规避的动机就会弱化，反之，则会增强。所以，税制是否完善对约束企业避税行为至关重要。1994年以来，税法的完善与发展取得了若干重大成绩，但仍存在着诸多问题，导致了对企业避税行为的约束不足。主要体现在以下三个方面：

（1）税收立法的级次较低，税法的法律效力不高。目前，我国的税收立法分为三个级次：全国人大的直接立法、全国人大的授权立法、政府和部门法规。全国人民代表大会的直接立法毫无疑问是具有最高法律效应的，我国的目标是在 2020 年基本完成全部的税收人大立法，实现税收法定。从 2018 年开始我们加快了税收人大立法的步伐，目前基本有一半的税种都完成了全国人大的直接立法，但是增值税、消费税等主体税种仍未实现人大的直接立法，而我国是一个以增值税收入为主体的国家，可见未来税收人大立法的任务仍然很重。由于我国的主体税种还没有实现人大的直接立法，这对税收法定原则是一个重大损害，同时也降低了税法的权威性和强制性。这不利于我们构建现代化税收治理体系，也使企业避税行为在正式制度的约束上有所欠缺。

（2）税收法律体系不完善。在我国的税收法律体系中有个非常重要的根本大法是缺失的，那就是“税收的基本法”，这导致了我国的税收立法、执法存在无法可依的情况。税收基本法是高于其他税收法律的母法，是所有税收法律制定的依据，如果一国没有这部母法，必然导致单个税法制定时缺乏基本规范的约束，甚至会出现法律、法规打架的局面。我国目前没有税收的基本法，所以税收实体法都是一个税种一个法律、法规，在制定过程中没有考虑不同税种的相互协调，使税收体系的综合法律效力不高。另外，随着经济的发展，出现了很多新的经营模式和新的交易方式，我国原有的税收法律体系没有跟上，新的税源没有相应的法律去征收，导致了税收的流失。而且我国的税收程序法的建设明显不足，主要就是税收征管法、发票管理办法等，像税务机构组织法、专门保护法纳税人权利的法律都还缺失，这种不完善的法律体系，当然无法有效地约束企业避税行为。

（3）税收征管法不能适应现代征管机制的需要。税收征管法应当是规范征纳税双方行为，保护国家、纳税人权益的法律。它规定着税务机关该如何征税，纳税人该如何交税，所以征管法对纳税人行为的影响是巨大的。如果征管法不健全，那么一定会导致企业避税行为的上升。我国的税收征管法在经过了 2015 年的第三次修改后，相对于以前有了很大进步，但是仍然存在着很多不足。首先，税收征管法条例较为粗犷，对征纳税程序的规定不细致，很多问题停留在原则性规定上，具体执行时无法可依，存在执行时的随意性。特别是对纳税人权利的规定较为笼统，保护力度不够。其次，征管法中对于第三方相关企业、单位的义务缺乏规定。由于我国的征管法没有明确税务机关征税，也没有明确第三方金融企业、政府单位有哪些协助税务机关征税的义务，比如涉税资料的提供、涉税信息的反馈，这导致税务机关征管时在向相关单位获取涉税资料上缺乏法律依据，避税的相关信息无法及时掌控，从而增加了征管的成本，使企业税收规避行为的成功率提升，税收大量流失。最后，现行《税收征管法》难以适应数字经济发展的需要。21 世纪是信息化的时代，我国的数字经济蓬勃发展，在 2017 年规模高达 27.2 亿元，占 GDP 的 32.9%，增长速度非常快。可以预见的是，未来经济发展的重要引擎将是数字经济。比如，2018 年我国电子商务交易总额同比增长了 8.5%，达到了 31.63 万亿元，与电子商务高速发展相反的是对其的税收征管手段十分滞后，我国在电子商务领域每年的税收流失高达上百亿元，这不仅给我国政府的税收收入带来损失，同时也损害了社会纳税环境的公平性。

2. 税收法律的宏观调控职能对企业避税行为的激励

受凯恩斯主义的影响，许多国家都把税收政策当成了宏观调控的重要工具，赋予了其调控经济的重要职能。我国更是如此，把税收政策当成了稳定、调控经济的重要政策之一。因此在制定税收政策时，会更多地考虑它对国家产业结构、供需结构、消费结构以及经济发展的影响，从而对税收法律赋予了更多功能。为了更多实现税收的调控性功能，必然会导致税收政策的差异化，在不同地区、不同行业、不同所有制企业之间带来税收负担的差异，而这种税收政策的差异化，是企业避税行为成功的基础。为了追求利益的最大化，企业会充分利用这种税收政策的不同，作出相应的避税行为的规划，这对企业避税行为起到了一种极大的激励作用。因此，只要政府仍然把税收当成重要的调节经济工具，税收政策的差异性就不可避免，而这种差异性所带来的企业避税行为就不会消失。某种意义上，企业的避税行为就是税收政策宏观调控的伴生物。

3. 税制的复杂多变降低了税收遵从度

前文我们分析了纳税人的税收遵从度是由税收遵从的成本决定的。如果一国纳税人的税收遵从成本很高，该国的纳税遵从度一定是较低的。影响纳税遵从成本的因素有很多，但是税制的复杂多变无疑是非常重要的因素。因而复杂多变的税收制度会导致纳税人对税法条文的理解较为困难，很容易产生错误理解，同时税务机关在执法时也会带来一定的随意性，这些都会增加企业纳税遵从成本的上升。而且复杂多变的税制会增加企业按章纳税的成本，例如，需要培训财务人员学习新税法或聘请专业人员进行税务代理肯定会增加企业纳税的成本。纳税人的遵从成本上升了，纳税遵从度自然就会下降了。税制的多变会使税收法律的权威性受到质疑，同样会影响纳税的遵从度。从 1994 年之后，我国不断的在进行税收制度的改革，特别是近两年税制的调整非常频繁，税制的不稳定、税制结构的复杂导致了我国企业纳税成本的上升，从而无形中降低了企业税收的遵从度，这对于约束企业避税行为起到了反向的作用。

4. 高税负对企业避税行为的影响

税收负担与纳税人避税行为具有很强的相关性，这个结论早在 1983 年已经被 Clotfelter 通过实证分析证明了①。他认为较高的税收负担会导致企业避税行为的增多，这个观点在我们国家也是完全适用的。对于我国的税负问题，如果单纯考虑税收因素，中国的宏观税负是不高的。国家税务总局对此问题作了专题比较分析。按照 IMF 的划分方式②，国家税务总局把国家分为发达国家与发展中国家两大类，发达国家选择美、加、日等 20 个国家，发展中国家选择了 22 个，分析结果显示，发达国家包含社会保障缴款的平均宏观税负比我国同期宏观税负水平基本高出一倍。但是这个研究结果并不能说明我们国家企业的税费负担就不高。因为在税收之外，我们的行政机关、事业单位的收费很高，如果加上众多的收费，我国的宏观税

① Clotfelter C. T. , Tax evasion and tax rates: an analysis of individual returns [J]. Review of Economics and Statistics, 1983, 65: 363 – 373.

② IMF 是 International Monetary Fund 的缩写，中文意思是国际货币基金组织。

负基本上已经达到了中等高收入国家的水平。我国政府的收费名目繁多，透明度低，各级政府层层收费，收费规模庞大。2018 年，我国的非税收入占财政收入的比重是 14.7%，这还不包括规模庞大的土地出让金。在西方市场经济国家，同样有政府行政收费，但其占财政收入的比重一般不超过 10%。我国的收费水平与西方市场经济国家相比，无疑是过高的。而且政府收费缺乏法律规范，随意性强，乱收费现象在增加了企业负担的同时，也让企业的纳税意识不断下降。在企业税收负担较高时，通常就会希望用其他收益来弥补自己的成本，那么避税就成了企业获取利益的一种重要手段，这样一来，中国企业的避税现象自然就上升了。

二、非正式制度过于宽松

从纳税遵从的角度来说，一国的非正式约束往往比正式约束的效果要好。比如一国的历史、文化、道德等意识形态对纳税人行为的约束有时候会比某个具体的法律法规来的更有效果。近些年来，随着政府税收宣传、教育的力度加大，中国人的纳税意识有了一定的提升，对纳税人而言，从意识形态上开始出现了一定的非正式约束，但是总体来说，中国企业避税行为的非正式制度约束是比较弱化的，人们对避税行为还是比较宽容的，这里面有历史的原因、文化的原因，也有道德的因素。

（一）历史因素

中国人的纳税意识不高与我国的历史发展有着重要联系。从集权的封建制国家算起，我们经历了两千多年的封建专制制度，在封建王朝，税收一直是封建君主对普通民众残酷剥削的代名词，明君通常实行“轻税赋”，残暴昏庸的君主则实行“重税”，老百姓常用税负的轻重来衡量君主是否贤明。因而，民众对税收是仇恨的，认为国家征税就是剥削他们。这种仇税的理念到民国也没有任何变化，人们常认为税收是其苦难的根源。

新中国成立后，尽管中国进行了多次的税制改革，但是人们对税收的功能仍然不甚了解，特别是在新中国成立初期，计划体制下，国家主要是通过国有企业上缴利润的形式筹集政府资金，税收只针对企业，与个人无关，税收的作用十分弱化，这就导致老百姓普遍认为税收跟自己无关，单位交不交税也与自己无关，偷税逃税都不是什么大问题。这种纳税意识和观点深入人心，形成了一种中国特有的税收观。

这种情况直到1994年的税制改革才有了一定改变，分税制改革后，确立了税收在我国财政收入中的主体地位，增值税、所得税等税种逐步被人们熟悉。随着政府宣传的深入，人们对税收的作用有了重新的认识，开始逐渐理解“取之于民，用之于民”，应当说中国人的税收观发生了很大的变化，对税收的排斥思想有了根本转变。但是从1994年起，经历三十多年的税制改革，我们在对税收的宣传上仍然以“无偿性、强制性”为主，政府对于税收义务的强调远远多于税收权利，税收变成了为国家做贡献的代名词，这使我国民众对税收的理解停留在“一种义务”上，国民并不知道自己享受了什么权利，也不知道自己交的税款去了哪里，怎么用的。在这种宣传教育下，人们不会对避税行为有什么谴责，因为大家认为避税只是没有为国家做贡献而已，没有损害大家的利益，与自己无关，所以一直以来避税行为在中国有着宽松的舆论环境，并不被大家重视，也就更谈不上社会监督了。这样带来的最大问题就是税收遵从度很低。

（二）文化因素

中国是一个受儒家思想影响深刻的国家，从政治、经济、价值观等方方面面无不受到儒家思想的影响。儒家思想对税收的影响同样是深远的。首先，儒家思想强调人治，他们认为普天之下莫非王土，君主即国家的象征，形成了国家征税就是君主征税的理念，老百姓认为自己纳税是为了维护君主等统治阶级的需求，自己纯粹属于被剥削的地位。这种税收文化带有明显的阶级对立特征。另一方面，儒家思想虽然支持君主征税，但是却主张轻税赋政策。认为君主要休养生息，实行仁政，“仁政”的体现就是轻税或者不征税。从民众的角度来说，国家不征税就是好的明君，否则就是暴君。历史上，多次的民众暴动也多是因为重税迫使，在这种文化的影响下，人们对税收的理解是极为片面的，大家都认为税收就是一种剥削，因此基本没有主动纳税的意识。这种思想到现在仍然被很多中国人认同，所以我国国民的税收遵从度很难提升。

（三）道德因素

前文说到我国的正式和非正式制度对于企业避税行为约束力很低，所以一部分纳税人避税行为很容易成功，而且其成本很低，相应的避税利益则很高。当这些人成功避税后，又没有受到任何的惩罚，对于按章纳税的人就是一种反向的激励。按章纳税的人会放弃原有的道德约束，选择避税行为。那么避税的人会越来越多，当避税行为成为一种社会普遍现象时，它就更难受到法律的制约和社会道德的谴责了，这种避税的从众行为导致了我国的税收道德不断下降。目前，企业、明星被发现避税行为后，仍然受到人们的追捧，因而企业因为避税行为被发现所带来的名誉损失就会减少，这变相地减少了企业避税行为的成本，使企业避税行为的选择得到激励。就非正式约束而言，选择避税行为的企业受到的道德约束是很少的。

三、制度实施机制缺乏刚性

一国的正式制度能否有效约束企业避税行为，很大程度上取决于税收的实施机制是否有效，只有实施机制完善，正式制度才能最大的发挥作用。对于我国目前来说，税收的实施机制是存在很多问题的，这直接制约了正式制度的约束作用，导致了企业避税行为的增多。总体来说，目前我国的税收实施机制的问题主要体现在税收征管体制、纳税服务、地方政府考核机制这三个方面。

（一）税收征收管理机制对企业避税行为的影响

1. 税收征管方式不适应经济发展，效率不高

目前，我国的税收征管方式与经济的发展有很多不适应的地方。随着数字经济的迅猛发展，电子商务、直播平台等企业的经营方式与传统有很大的区别，而我们的征管机构对此显然准备不足，对新的税源无法准确捕捉到，因而征管的效率较低，对企业的约束力不强，造成了大量税收流失。

2. 税收征管手段落后，信息系统缺乏稳定性

涉税信息不足一直都是我国税收征管中存在的重要问题，2016年金税三期工程全面上马①，使税务机关跟企业的连接更紧密了，可以更多地获取企业的相关涉税资料信息，但是这些信息和资料是孤立的、不系统的，因为没有相关政府部门、社会机构、金融单位配合提供资料，使税务机关从这些孤立的信息很难发现企业避税问题。另外，由于各省的税务软件平台由不同的公司完成，并没有一个全国统一的电子税务局，从而在税务信息化建设中就会出现重复建设，也导致了税务成本的上升。

3. 税务稽查威慑力不够强

税务稽查是企业避税行为有力的约束机制，但是我国的税务稽查工作无论是从刚性还是震慑力上都不足。对于企业避税行为在稽查中原则不同，处罚力度也存在弹性，因人而异，这都为企业避税行为提供了空间，导致了企业税收规避行为的增多。这是我们全面依法治国、实现税收治理现代化的短板，也是要重点改革的地方。

以上这些问题都使企业避税行为得以隐蔽、顺畅地进行，目的更易达到，这对于企业避税行为无疑是一种激励。

（二）纳税服务不足对企业避税行为的影响

近几年，税务机关的职能逐步由过去单纯的税收管理向提供纳税服务转换，各级税务局实施了一系列改革措施体现其纳税服务的功能。但总体来说，税务机关的纳税服务职能还是比较弱的。首先，纳税服务没有形成制度化。目前我国的法律体系中还没有专门保护纳税人权益的相关法规，对纳税人权利的保护无法通过法律形式确定下来。税务机关也没有专门评价纳税服务水平的监督机制和体系，所以纳税服务的理念并未植根于税务体系，税务机关还是习惯于处在管理者的角度来征税。其次，企业办税流

① 金税三期工程属国家级信息系统工程，是国家电子政务建设的重要组成部分。该系统融合了税收征管变革和技术创新，统一了全国国地税征管应用系统版本，搭建了统一的纳税服务平台，实现了全国税收数据大集中，对于进一步规范全国税收执法、优化纳税服务、实现降低税务机关征纳成本和执法风险，提高纳税人遵从度和满意度的“两提高、两降低”的税收征管改革目标具有极其重要的意义。

程仍然比较复杂，纳税成本较高。目前的金税三期系统操作流程仍然很复杂，没有体现为纳税人服务的理念，并且纳税申报需要提交的资料很多，办税时间较长，这些都无形中增加了企业的税收遵从成本，不利于纳税人遵从度的提高。另外，税务机关纳税服务信息化不够。在全国看来，网上办税工作推进较慢，每个省各自为政，没有在全国建立一个统一的纳税申报的综合系统，纳税人网上办税的功能不全，不能完全依靠网上办税系统。另外从税款的支付体系来看并未涵盖支付宝、微信、云闪付等流行的互联网支付形式，同时也使企业增加了涉税成本。再次，办税人员的素质不高，缺乏服务意识。导致他们在涉税事务处理上较少考虑纳税人的权利，执法存在一定的随意性，这给纳税人带来很强的避税激励。最后，纳税服务的社会化不高。目前，我国企业涉税实务中，代理业发展比较缓慢，企业通过社会机构办理纳税事宜的并不多，而全国从事税务代理的人员也不多，而且能力不一，这样直接影响其向纳税人服务的质量。毫无疑问，这些都增加了纳税遵从的成本，对约束企业避税行为带来了消极影响。

（三）地方政府政绩考核机制对企业避税行为的影响

一直以来，地方政府普遍将招商引资作为一种政绩纳入考核机制，因而地方政府普遍重视招商引资的工作。很多地方把招商引资的任务与奖金、升迁直接挂钩，完成招商引资任务的，可以得到丰厚的奖赏，反之，则会进行处罚，在这种机制下，大家都使出浑身解数，各地之间攀比着降地价、减免税收、减免费用，目的都是吸引投资，发展当地经济。在这种制度环境下，如果税务机关针对某个外来投资企业进行税务的检查显然是与地方政府的初衷相违背的。因为在这些地方官员的心中税收并不是最重要的，能够吸引投资获得升迁才是目的。这样一来，只要是税务机关对某个投资企业进行税务的检查，企业就会请地方政府的相关领导进行干涉，往往这种干涉行为会起到很大的作用，令税务机关的稽查工作难以继续。企业通过这种人情关系网建立起了更隐蔽的避税体系，且很难被检查出来，这使企业避税行为成功率大增，避税的成本很低，对企业的避税行为起到了很强的激励作用。

第三节　制度变迁对中国企业避税行为的影响

一、制度变迁

制度变迁是制度的替代、转换与交易过程，一般而言是一种效率更高的制度对另外一种制度的替代过程。制度变迁因为产生的原因不同可以分为两类，第一种是强制性制度变迁，这是由政府设计并强制推行的新行为规则替代旧规则的过程；第二种是诱致性制度变迁，是先由某个人或某个群体推行，然后得到社会公众认可的行为规则，最终这个行为规则逐步取代了旧制度的过程。换句话说，制度变迁实际就是用一种新的更完善的制度取代旧制度的过程，它是一个宽泛的概论，并不具体指某一个制度的变化。新制度经济学与旧制度经济学最大的区别在于，新制度经济学把制度作为了一种内生变量来研究，把它看成是一种稀缺的生产性资源，制度的变迁决定了人类社会发展的过程，对一个国家的经济、政治、文化有着深远的影响。但反过来，这些因素又影响着制度变迁的过程。当一国的制度与其经济运行、道德文化、意识形态相适应的时候，会使制度成本降为最低，促进社会发展；反之，制度如果与其经济、文化、意识形态不符合，则会阻碍社会进步，随着它们矛盾的加深，又会导致制度变迁以适应社会的发展。所以制度变迁必须是和国家的经济、文化、意识形态相匹配的。

二、制度变迁对中国企业避税行为的影响

制度变迁会带来更高效的制度取代旧有的低效制度，也就是新制度的推行者预期新制度的收益会大于成本，由于新制度的交易费用更低，才能取代旧的制度，这就是推动制度变迁的重要原因。当新制度的制度成本更低或者制度收益更高，就会带来制度的更替。这是制度变迁的一般规律，税收制度的变迁也遵循这个规律。税制的变迁也是由其交易成本的变动所

推动的，只有当新税制预期可以带来更高的收益，或者更低的交易成本时才会出现税制的变迁，这里所说的税制交易成本是指税制制定、运行的成本，还包括税收超额负担带来的扭曲效应。

在税收运行成本中，纳税遵从成本不仅直接影响着企业避税行为，同时对税制变迁具有重要影响。税收遵从成本包括纳税成本和征税成本，纳税人依法按章纳税时所产生的相关成本就是纳税成本，包括时间和心理成本、税务代理成本以及税务筹划的成本。这些成本的高低会决定纳税人对避税行为的选择，也会影响一国的税制变迁。纳税人对税收遵从行为的选择在一定程度上会推进税制的变迁，通常如果纳税人对税制的设计感到十分不满意、税负不公平，税收遵从的成本居高不下时，企业避税行为必然会增多，这又会促使政府修订税收制度，降低税收遵从成本，从而约束企业避税行为。进而必然会导致其向另一种遵从成本较低的税制进行变动和创新。而当新的税收制度对纳税人的避税行为对存在较强的约束力时，企业避税行为成本较高，获得的利益往往较低，此时，企业避税行为的收益就很难进入纳税人的行为选择，纳税人的税收遵从度就会相对较高。相应的，随着纳税人税收遵从度的上升，纳税人素质会不断提高，纳税意识也会加强，这些都会为下一次的税制变迁奠定基础。也就是说，在社会衍生过程中制度框架的变化，会使人们行为的成本、收益及对其权衡的评价体系发生变化，并引起人们行为的利益选择的变化，从而引致税制显性和隐性的变迁。

我国自 1994 年税制改革以来，税收制度一直处于不断调整、变迁的过程。并且由于我们在设计税制时加入了很多宏观调控的目的，所以税制通常比较复杂，比如目前增值税的设计就较为复杂，多档税率、复杂多变的税收优惠都使纳税遵从的成本不断上升。并且税法处于不完善状态，需要不断调整，因而税制多变也是一个突出的问题。税制的这种复杂多变当然会使纳税人理解以及执行的成本上升，也就导致了纳税遵从成本的上升，从而无形中就使纳税人的遵从度下降了。同时，尽管进行了三十多年的税制改革，我国在税制结构、税负公平、税收征管等方面仍然存在很多问题，纳税人纳税意识薄弱，税收遵从度较低，这些都导致了企业避税行为的增加。未来我国税制改革仍然任重而道远。在税制的变迁过程中，政府应把税收遵从度作为评价税收制度的重要参考，不断根据税收遵从情况完善税制，使遵从成本最小化，提高纳税遵从度，从而加强对企业避税行为的约束，并促进经济健康可持续地发展。

第三章 制度对中国企业避税行为约束效应的实证分析

第一节 理论分析与研究假设

一、理论分析

（一）有效税收筹划理论

财务管理以实现企业价值最大化作为最终目标，在所有企业财务中有一项重大决策，即避税活动，该活动的目的是向财务管理的最终目的靠拢，以提高经营绩效和财务绩效、节约现金流等方式来实现企业价值的最大化。企业在全盛时期，通过合理规范的避税手段来提升企业的价值，这种方式是积极的，能够对企业带来正向的影响，极容易将企业的价值推向顶端。此时，为了避免隐性税收、显性税收、每个交易个体、非税成本以及税收成本带来的影响，有效税收筹划理论顺势而生，成为避免这类影响的关键。Scholes 研究指出，通过有效的避税筹划能最大程度上实现企业价值的最大化①。

通过避税措施造成费用的增加及消耗的所有成本均称之为非税成本，而非税成本主要由政治成本、代理成本、财务报告成本以及信息成本组成。其中，政治成本是指企业为了提高政府对其的青睐度，获取更多税务

① Scholes, M. and Wolfson, M. Taxes and Business Strategy: A Planning Approach [M]. Prentice - Hall, Englewood Cliff. 1992.

福利及优惠，会不断增加政治游说活动，甚至有的企业还会通过所谓的“好处费”及“入股”等方式利诱当地政府工作人员，导致政治成本的进一步抬升。财务报告成本是指财务报表上的利润在受到避税活动的干扰下会有所下降，导致企业价值受损，加大了企业在资本市场上的融资成本，提高了被并购的几率。避税信息成本是指企业内部人员缺乏系统的税务知识学习，导致其对税法知识的运用不够流畅，间接或直接性推动了中汇税师事务所、德勤税务代理、尤尼泰税务师事务所等税务代理机构的发展。中国有上百家大型税务所，并有上千上万家小型税务所坐落在税务部门的附近。因此，许多企业会寻找合适的税务代理机构来帮其完成企业的税务筹划，以获取完善的税务筹划策略。此外，当企业仅从实际税负最小化考虑，透支于一些收益较低的资产项目，那么就会导致非效率投资的出现，造成资产的浪费。比如，国家税法规定，凡是涉及节能环保的项目研发都可享受100%税前扣除的优惠政策，若企业将投资的重点放在这类项目上，那么就会严重抑制企业的获利水平。一直以来，盲目的投资将会对企业造成严重的负面影响。如国家税法政策加大了落后地区（新疆和西藏等）的税收减免力度，企业投资于正常地区带来的收益基本上比投资于落后地区的收益高，同时承担的风险也相对较小，但企业受到各种税法政策的吸引，加之为了促进落后地区的发展，不得不将投资重心偏向于落后地区，这就是导致企业非效率投资增大的主要原因。同时，当企业的避税筹划措施背离中国法律情况下，一旦被媒体曝光，政府查出，那么就会导致政企关系变得越发严峻，不但会抑制后期投资决策的开展，损害企业的名声与前途，而且还可能需要承担相应的法律制裁。

从有效税收筹划理论中可知，企业的运营成本之一为税收。虽然企业开展避税能够减少自身税务负担，但也会增加其他类型的交易成本，因此企业实缴税额降低与企业税后收入提升不能混为一谈，也意味着税负的最小化与税后收益最大化不相同。Scholes 与 Wolfson 在研究中提出，公司开展投融资活动时需要同时考虑税收成本与非税收成本。非税收成本指公司为避税产生的其他交易成本，例如代理成本、政治成本、信息成本和财务报告成本。代理成本的概念是企业管理者为降低企业税收而对自身产生的不良影响，例如，因信息不对称情况存在，股东会以账面利润判断管理层的工作效率，若账面利润降低，管理层的收入也会降低；同理，若账面利润上涨，管理层可能升职，特别是国企管理者，他们的职位变动与仕途有关。政治成本指企业会使用谈判、游说政府等方式获取税收优惠，或者和政府合作逃避征税。信息成本的概念为企业通过雇佣专业税务人员或委托税务所等方式迅速获取税收优惠信息从而产生的成本。财务报告成本指企业的账面利润因避税而降低，使企业市值减少，因此企业在较高的融资约束情况下增加被并购的几率。

（二）信贷配给理论

信贷资金在信贷市场中具有重要的作用，成为交易的商品，而其中的利率则为该商品的价格，若信贷市场中的需求与供给无法达到平衡时，即没有出清时，就会导致出现信贷配给现象。从宏观角度上看，信贷配给指的是在固定利率水平下，信贷市场中出现了信贷供给小于信贷需求的现象时，也就是在面对超额的资金需求时，借款人的借贷要求将无法得到银行全面的支持。从微观视角上看，信贷配给会出现两种情况：第一，利率水平不变时，虽然借款人的部分信贷需求能够得到银行的支持，但是借贷人所获得的信贷资金均不会超过期望值，银行这种信贷配给对借贷人是完全开放的，即所有借贷人均可享受银行实施的借贷配给政策；第二，银行会对借贷人进行综合评估，在明确收益及风险系数后，给予借贷人合理的信贷支持，存在信贷支持的差异性，银行只会满足一部分借贷人的信贷需求，即这种信贷配给的待遇只有部分通过银行综合评估的贷款人才能享受到。

从新政治经济学方面分析可知，政府的角色已从过往的改革策划者转变为市场参与者，因此政府在制定决策时会带有利己目的或政治目标，法律水平与法律执行力度从外生条件转变为内生变量，政府基于制定法律与落实法律对制度环境进行调整，达到“改变市场参与者偏好—影响企业融资约束—影响企业避税行为”的目的。1976 年，Jaffee and Russell 首次对信贷配给领域开展研究①，他们的研究成果中最为著名的是基于信贷市场信息不对称创建的理论模型。因信贷市场中存在信息不对称情况，所以信贷配给现象产生，同时信息不对称会使道德风险与逆向选择产生。道德风险的含义为：在信贷产生之后，借款人可能会在信息不对称的影响下将原有投资改为风险程度更高的投资；而逆向选择的含义为：因银行发放贷款时遵循的利率是一致的，但银行无法准确掌握借款人的财务情况、市场环境及项目进度，若银行将利率提升，风险较高的企业会选择继续向银行借贷，而风险低的企业因利率的升高而退出市场，使优汰劣胜的局面产生。因这两种风险的存在，银行会选择使用信贷配给方式满足部分企业贷款需求，而不是选择提升利率来满足所有企业的贷款需求。

1981 年，Weiss 和 Stiglitz 提出了信贷配给理论模型②，并在信息不对称条件下系统研究了信贷配给情况，认为信贷配给行为是一种长期的均衡现象，且满足微观主体理性的选择。该理论模型主要有两个假设：第一，借贷人在具备偿还条件时，必定会偿还贷款；第二，不对贷款人的风险进行综合评价，接受所有贷款人的贷款，且贷款合同需要履行有限责任制。所谓的有限责任是指借贷人在获得高额回报的同时，还需承担所有的下行风险。在贷款人与借款人签订贷款合同时，若存在有限责任制时，就会出现两个极端，即贷款人则会厌恶风险，而借贷人则会偏好风险。当贷款人的利率有所提高时，低风险贷款人的盈利水平就会受到一定的影响，导致这类低风险贷款人不得不选择退离信贷市场。若持续抬高贷款利率，借贷人的风险水平就会不断抬高，进而导致不利的投资组合效应出现。另外，当贷款利率较高时，很有可能造成逆向选择与道德风险的产生，进而弱化了贷款人的预期收入。故，在借贷人与贷款人对投资项目风险持相反偏好的情况下，贷款人尽管提高利率，也不会超过市场出清的利率。同时，通

① Jaffee M. , Russell T. , Imperfect Information, Uncertainty, and Credit Rationing Dwight [J]. The Quarterly Journal of Economics. 1976, 90 (4): 651 - 666.

② Stiglitz J. E. , Weiss A. , Credit Rationing in Markets with Imperfect Information [J]. American Economic Review 1981, 17: 393 - 410.

过信贷配给的方式降低借贷人的违约风险，获取更为有利的投资组合。

许多研究人员从不同角度对信贷配给理论进行了思考与研究。1985年，Bester深入研究了信贷配给中抵押品方面的问题，表示当抵押品及贷款利率条款有在贷款合同中写明时，贷款人如果可以有效得知借款人的风险偏好，使所有贷款人获得信贷供给，那么就不会出现信贷配给的现象。1989年，Diamond在信誉配给理论中添加了声誉机制，表示声誉机制在信息不对称背景下，能有效将不同借款人的风险偏好区分开来，借款人借贷风险越低，则越能表证其声誉越优。此外，借贷人会为声誉较优的贷款人提供风险较低和利率较低的项目，以降低道德风险发生的几率。2000年，Stiglitz和Hellmann完成了信息不对称模型的构建工作，并表示股权配给和信贷配给发生的可能性有两种：一是单向发生；二是双向发生，且融资需求出现逆向选择的概率会随着信贷配给和股权配给间竞争力度的增强而提高。2000年，Wang表示，不管信息对称是否存在，美国的破产法规都会致使信贷配给的出现。贷款人在没有破产成本的基础上，可通过不断提高利率的方式来实现市场出清，反之则无法实现市场出清，导致信贷配给的出现。另外，还可通过抵押品的方式来降低信贷配给的出现，但这也仅是治标不治本的方式，并不能做到完全抑制。

信贷配给能够较为有效地帮助信贷市场调整资源配置，研究不同层面的信贷资源配置能够帮助我们解决较多经济问题，例如信贷配给在微观层面的应用、宏观角度下的货币政策变动或产业政策变动如何影响经济运行等。虽然公司本身的因素，例如信用评级与资产净值等，会影响企业融资约束，但宏观经济的变化也会对其产生影响。在所有宏观经济因素中，政府推出的产业政策能够在极大程度上影响企业融资决策，若产业政策能够降低企业融资成本、增加融资渠道，则能够较为有效地帮助企业解决融资约束问题。通常企业的融资成本越高，越倾向于选择避税来降低经营成本，所以如果能够解决企业融资的难题，对约束企业避税行为有着积极作用。

二、研究假设

在前面的理论中提到，上市公司融资约束情况会被产业政策所影响，因此本部分基于理论对企业避税和产业政策之间的关系进行推导，为证明产业政策是否与企业避税行为存在关联，作出相关假设。

（一）假设一：产业政策对企业避税的影响分析

在理性经济人假设理论中提到，企业本质为理性经济人，因此企业根本目的为使自身获取的利益最大化。所以，企业在作出是否避税的决定及确定避税程度时，会对比避税成本以及避税行为所带来的收益。

从信贷配给理论中可知，因市场中存在信息不对称现象，企业的经济情况除了会被自身的负债水平等因素影响，还会被产业政策等宏观经济因素所影响。因企业投融资行为会被市场对于特定产业的预期所改变，同时市场预期会受到产业政策的影响，所以产业政策能够间接影响企业投融资行为。因市场预期被改变，市场会采取股价手段对企业负债水平做出调整，从而影响企业投资行为及融资成本；又因企业投资行为的调整，企业的财务状况和融资行为均会做出改变。政府会通过审批方式影响上市企业的融资行为，从而间接为特定产业提供支持；政府也会采用调节税率等产业政策帮助上市企业渡过内外部融资成本风险，使企业融资约束结构被调整，最终达到改变企业经济行为的目的。

因此，从信贷配给理论角度出发，可提出如下观点：微观企业融资行为会被宏观经济环境因素所影响。政府针对特定产业出台的支持性产业政策会使企业融资成本及融资约束被影响，从而影响企业经济行为。对于被支持的行业，政府为实现发改委提出的“五年规划”发展目标，会对这些行业中企业的上市标准、银行授信批准及再融资资格进行放宽，使这些企业获取大量资源。

在公司的各类支出中，税收占了极大一部分。若公司能够存留部分税收资金而不是将其全部缴纳至税务机关处，公司便能够持有更多资金，从而将这些资金投入进各种经济活动中。为了达到该目的，公司的管理层可以使用高资本成本借债、转移定价或支付较高的咨询费用等方式避税。

Cai 和 Liu（2009）提出，企业避税动机的强度会随着市场竞争的激烈程度提升，并且实施避税行为。所以，在市场竞争过于激烈时，大部分企业都会采取各种手段避税，从而保证公司的盈利。在动荡不安的市场环境中，若企业能够降低税务负担，则能够将省下来的这部分资金用于投资、再生产、研发等，从各种方面提升企业竞争力。所以，地位较低、所处的市场环境较激烈、经济收益较低的企业，是最容易采用避税行为的企业。Edwards 等（2016）通过分析得知，企业的避税程度会随着融资约束程度的提高而提高。

从上文可知，企业在面对融资约束时，会采用税收规避来代替其余融资方式，所以在企业的融资约束程度降低时，企业的避税程度也会降低。基于此，可从以下两方面开展研究：其一，因产业政策的出台缓解了企业的融资约束，使避税的收益下降。因企业能够更加便捷地获取外部融资，使融资成本降低，在其他条件不变时企业以避税方式获取资金的收益减少；其二，从有效税收筹划理论中可知，虽然避税行为能够使企业及企业管理层获取利益，但避税行为本身的直接与间接成本也较为明显（Hanlon and Slemrod，2009）。直接成本包含了向审计所、税务筹划机构及税务人员支付的费用，间接成本指税务机关发现企业的避税行为后会收取更多的费用，企业甚至可能会进入税务机关的黑名单，使日后的避税行为更加难以实施（Hanlon and Slemrod，2009）。由此可知，因产业政策能够使企业获得外部融资的可能性显著增加，企业避税行为的边际收益会降低。

图 3－1 为概念解释图：

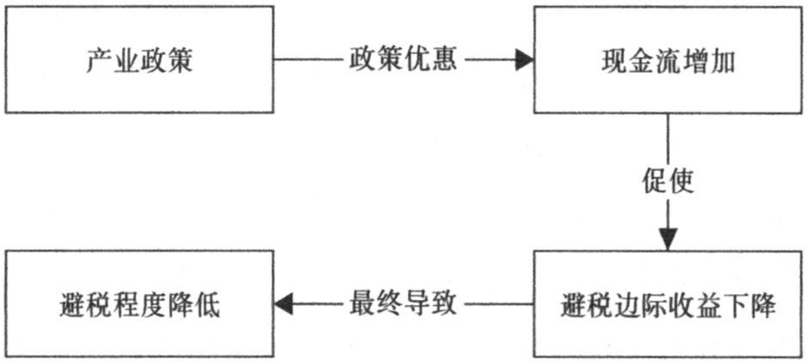

图 3－1　产业政策概念解释

结合上文分析可知，因产业政策能够缓解一些行业企业的融资约束，这些企业的避税动机及避税程度也会随之降低。基于此，本书提出假设一：

H1：在其他条件一致时，被产业政策支持的企业的避税程度低于没有被产业政策支持的企业。

（二）假设二：基于产权性质划分的影响差异分析

我国制度背景较为特殊，因国有企业与民营企业所有权的不同，两种企业的经营方式也有较大区别。从另一个角度看，国有企业是政府为影响经济环境所创造的制度安排，能够使政府较为便捷地实施政策干预手段。因政企不分、产权模糊、社会责任过多等现象的存在，国有企业拥有多元化的经营目标，政府作为国有企业的实际掌权者，为解决就业、经济发展、社会稳定、税收等多个政策性目标，会对企业的营业活动进行干预，因此国有企业背负的政策性负担过重，使自身经济效益被影响。国有企业的多元化经营方式在增加运营成本、消耗内部资源的同时，也使企业生产及投资效率被影响，企业极有可能出现亏损。但政府又需要采取经济、政策等手段挽救亏损的国有企业，从而产生恶性循环。因此，与民营企业相比，国有企业的投资效率更低，也更加需要政府的资金支持。

目前，企业通常都具备所有权与经营权分离的特性。从委托代理理论中可知，企业管理层可能会通过自身权利实施较为隐蔽的避税手段，使企业真实的营业利润被掩盖，继续维持亏损项目的进度，从而获取自身利益。这种情况的出现使企业的真实价值被损害。因民营企业与国有企业的性质不同，本书基于两个方面分析企业避税行为及产业政策。

从民营企业角度分析，其经营权和所有权没有彻底分离，企业管理层自身的利益会被企业避税活动产生的成本和收益影响。因此，若企业避税边际收益大于零，企业采取避税活动的概率较大。但从国有企业角度分析：其一，国有企业领导对比起企业收益来说更加在意自身职位、薪资、仕途等，而因国有企业具有政策目的，领导层仅求无过不求有功，因此领导层可能会为了掩盖企业真实财务信息而采取避税手段，使企业自身价值被影响。其二，因国有企业的经营权与所有权分离，企业利益与管理层利益不具有一致性，若企业内部不存在激励机制，则管理层也不存在避税动机。另外，若国有企业缴纳的税款较高，能够体现国有企业对国家作出的贡献也较高，传达出国有企业绩效良好的消息，也使政府对管理层的印象较好。所以，国有企业避税动机会被两种性质相悖的因素所影响。

因国有企业具备政治目的，政府频繁为其提供各类支持，所以产业政策对国有企业的支持效果不明显。从大部分文献中可看出，民营企业相对比国有企业更加难以获取银行信贷资金支持，行业壁垒也较高。若产业政策明确支持某一行业，民营企业比国有企业更能受到影响。基于此，本书提出假设二：

H2：在其他条件一致时，产业政策对非国有企业的避税程度影响更加显著。

（三）假设三：基于税收征管强度地区划分的影响差异分析

《中华人民共和国税收征管法》的出台，落实了我国税务机关的征税权。税收征管的概念为，基于我国相关法律，税务机关根据统一程序及标准，组织纳税义务人的应纳税额入库的政治活动。《中华人民共和国税收征管法》给予了我国税务机关各种税收方面的权力，例如对纳税人的各种涉税资料及应税消费品进行检查。可知，税收征管行为能在一定程度上监督企业的避税行为。企业在分析了成本及收益后，可能会采取避税行为，其中成本主要表现为避税行为被发现后的经济惩罚及企业形象损害，收益主要表现为增加企业内部的可用资金。所以，政府税收征管强度也能够影响企业的避税交易成本。若税务机关提升了税收征管强度，则企业的避税成本及避税行为被查处的概率也显著增加，使企业的避税活动减少。因此，在某些税收征管强度大的区域，企业在考虑了避税成本后会降低避税动机。基于此，与假设一相结合可知，在产业政策的支持下企业的融资约束被缓解，若企业主观意愿降低、外部条件完善，则企业的避税活动会减少。基于此，本书提出假设三：

H3：在其他条件一致时，在税收征管强度较低的地区，产业政策能够更加显著地影响企业避税程度。

第二节　研究设计

一、样本选择与数据来源

本书选取了2011—2015年的A股上市公司数据作为样本①，并进行了如下的筛选：（1）基于金融业会计准则的特殊性考虑，样本选取中剔除金融业上市公司；（2）基于现金流及财务状况的特殊性考虑，样本选取中剔除ST、PT上市公司；（3）基于企业纳税现实可行性考虑，样本选取中剔除息税前利润和所得税费用为负的上市公司；（4）基于回归分析的数据可行性，样本选取中剔除部分变量缺失的上市公司。基于以上筛选原则，最终选取7346个观测值。

基于回归结果稳健性考虑，需要剔除异常值的影响，本书将对连续变量采用缩尾处理的方式完成异常值的剔除。变量数据来源于国泰安CSMAR数据库②和Wind数据库③。

二、变量设计

（一）被解释变量

本书主要被解释变量是企业避税。在上文中提出，目前尚未出现统一衡量企业避税的指标，较为普及的指标有会计—税收差异法及实际税率法两种。与我国实际情况相结合，因企业的税率及当前税收政策等因素都能够影响实际税率法，目前大多数关于企业避税程度的文献都采用了会计—

---

① 2011—2015年为“十二五”规划期间，并且与前文的地下经济和公开经济的测算的截止年份相吻合。

② CSMAR经济金融研究数据库是国泰安从学术研究的需求出发，借鉴芝加哥大学CRSP、标准普尔Compustat、纽约交易所TAQ、I/B/E/S、Thomson等国际知名数据库的专业标准，并结合中国实际国情开发的经济金融型数据库。

③ 提供国内金融证券市场各交易品种的实时行情、资讯信息以及基于数据的分析提取工具，同时，每日提供近千条海内外最新财经新闻和国内证券市场成立以来的各类金融证券法规。

税收差异法。所以，本书参考 Desai（2006）及刘行（2013）的方法，基于会计—税收差异法对企业的避税程度进行度量，并使用实际税率法开展稳健性检验，检验本书的研究结果是否稳定。

一般情况下，企业税会差异越大，企业会计利润与应纳税所得额的差异也越大，换言之会计—税收的差异越大表示企业避税程度越高。所以，本书以会计—税收差异为衡量企业避税的指标之一：

$$BTD = \frac{M_{利润总额} - M_{应纳税所得额}}{A_{期末总资产}} \tag{3-1}$$

$$M_{应纳税所得额} = \frac{F_{所得税费用} + M_{递延所得税资产当期发生额} - M_{递延所得税负债当期发生额}}{R_{名义所得税率}} \tag{3-2}$$

因公司的会计税收差异不仅仅被避税影响，还会被税法与会计制度之间固有存在的差异所影响，所以 Desai（2006）基于固定效应残差法分开了会计—税收差异与应计利润，并以回归残差表达避税。创建以下模型，即以剔除应计利润影响后的会计税收差异为衡量企业避税的指标之二：

$$BTD_{i,t} = \beta TACC_{i,t} + \mu_i + \varepsilon_{i,t} \tag{3-3}$$

$$DD\_BTD_{i,t} = \mu_i + \varepsilon_{i,t} \tag{3-4}$$

在上式中，*TACC* 为公司应计利润，公式为（净利润 - 经营活动的净现金流）/总资产。μ_i 代表样本期间企业 i 残差平均值，$\varepsilon_{i,t}$代表年度残差 t 和企业平均残差 μ_i 的偏离度。$DD\_BTD_{i,t} = \mu_i + \varepsilon_{i,t}$，该公式表明了企业税会差异中除去应计利润解释的部分。*BTD* 和 *DD_BTD* 的性质相似，这个指标的大小代表了企业去除应计利润解释部分后税会差异的大小，能够较为精准地表达企业避税程度。

（二）解释变量

本书的主要解释变量为产业政策。中国在 20 世纪 70 年代的经济改革中遇到了产业结构严重失衡的现实问题。1996 年，江小涓通过整理史实资料得出①，轻工业与重工业发展比例失调，各类基础行业发展落后，如燃料动力、原材料以及交通运输等，国际市场竞争力与工业品出口水平均处

① 江小涓．产业政策实际效果的初步评价［J］．社会科学辑刊，1996（01）：55－59.

于较为薄弱的阶段。1978 年，《中共中央关于加快工业发展若干问题的决定》指出①，要将工业发展的重点方向放在结构调整上，并加大动力、原材料、燃料以及交通运输等基础行业的发展力度。1979 年，全国人大五届二次会议对轻纺工业提出了一系列扶持政策，以推动轻纺工业的发展。1981 年 3 月，在轻纺工业得到长足发展之后，国家计委在《关于制止盲目建设重复建设的几项规定》中规定②，对轻纺工业的发展进行合理的控制，使之成为一线产业。由此来看，政府在当中起到重要的主导作用，通过前前后后的政策调整以实现轻纺工业的合理发展。可以看出，自改革开放以来到 20 世纪末期，政府一直将产业政策调整作为促进产业发展的重点。中央政府于 1994 年公布的《90 年代产业政策纲要》指出③，要将汽车、机械电子、建筑以及化工这四个行业作为国家的核心产业。而后的国家计划中，一直将资源向支柱产业过渡划分为调控的重点内容之一。

本书以"十二五"规划作为产业政策的研究背景，《中共中央关于制定国民经济和社会发展第十二个五年规划的建议》阐明：根据战略性新兴产业的发展阶段和特点，要进一步明确发展的重点方向和主要任务，统筹部署，集中力量，加快推进。具体如表 3－1 所示。

表 3－1 "十二五"规划中重点发展的产业

编号	产业类型
1	节能环保产业
2	新一代信息技术产业
3	生物产业
4	高端装备制造产业
5	新能源产业
6	新材料产业
7	新能源汽车产业

① 1978 年，中共中央颁布《关于加快工业发展若干问题的决定（草案）》。

② 国家计划委员会，国家基本建设委员会，财政部发布。

③ 国务院于 1994 年 3 月 25 日发布，自 1994 年 3 月 25 日起施行。

从产业政策实施手段看，可以分为直接干预型和间接引导型。直接干预型手段包括指令性安排的要素配置方向、行政审批程序、行政系统的“通知”“决定”、外汇管制、行政手段控制进出口、企业自主权等。

为了衡量产业政策因素，本书采用如下测量方法：根据《中共中央关于制定国民经济和社会发展第十二个五年规划的建议》等相关产业政策政府文件，制定如下筛选方案：（1）检阅核心词，以“鼓励发展”“重点支持”“积极发展”“调整”等关键词作为产业政策对该行业是否支持的标准，即：包含此类关键词则归为重点支持产业类型。（2）基于“十二五”规划考虑，将默认产业政策的执行时间为5年。

基于以上设定，进一步设置产业政策哑变量IP，企业所在产业属于产业政策支持的产业，则哑变量取值为1，反之为0。

（三）控制变量

参考Kubick等（2015）、Chen等（2010）学者的研究文献选取控制变量，包含：

1. 公司规模（SIZE）

一些学者认为，因规模较大的公司会被更多人关注，避税成本较高，所以公司规模与公司避税程度呈现负相关；但也有部分学者认为规模较大的公司可通过更加复杂的经营活动避税，所以公司规模与公司避税程度呈现正相关。所以，SIZE系数符号的方向无法确定。

2. 资产负债率（LEV）

在部分学者的观点中，若企业资产负债率较高，该企业能够通过更高利息抵税，缺乏避税动机，因此企业的资产负债率与企业的避税程度呈现负相关；但还有一些学者认为企业负债利息能够与税务负担相抵消，企业资产负债率越高、企业的实际税负越低，所以企业资产负债率与企业避税程度呈现正相关，2008年曹书军等学者对这个结论进行了证明。所以，LEV系数符号的方向无法确定。

3. 总资产收益率（ROA）

大部分学者都认为企业的盈利能力与税收优惠有较大关联，企业盈利能力越高越容易获取税收优惠，同时也能够使用更多样的渠道开展避税活动，这些企业可以从避税活动中获取更高的收益（Manzon，2002），所以ROA系数符号为正。

4. 无形资产比重（INTAN）

若企业类型为研发型，则无形资产在企业资产中占的比例较大。当前我国税收政策允许税前加计扣除研发支出。同时，政府会为研发型高新技术产业提供更多税收优惠，所以研发型企业的避税动机不高。Kubick等（2015）在研究中也发现INTAN和企业避税程度之间的关联为负相关。所以，INTAN系数符号为负。

5. 固定资产比重（PPE）

Gupta和Newberry（1997）认为，若公司具有较多固定资产，公司能够计提更多折扣，从而通过折旧会计和税收政策之间的差异开展避税活动，降低当期应纳税所得额，提升当期折扣。所以，固定资产比重与企业避税程度之间的关系为负相关，PPE系数符号为正。

6. 资产收益率（INVEST）

由于大部分投资收益不需要交税。此部分收益计入利润总额，然而未被计入应纳税所得额，企业可通过与条件相符的权益性投资开展避税活动。因此，INVEST的预期系数符号为正。

7. 投资收益率成长性（GROWTH）

高成长性的企业投资项目数量较多、现金流也较紧张，因此企业可以利用其复杂的投资项目避税，以获取更多的现金收入，企业具备避税动机。但部分学者认为，这些企业的业务发展速度较快，利润的变化速度也较快，税务机关会更加注意这些企业的税务活动，所以避税风险比其他企业更高。与其余企业相比，成长性较高的企业具备更多财务杠杆风险，承担税务风险的能力较低，因此无法确切判断这类企业实施的税务方案。所以，GROWTH的预期系数符号无法确定。

（四）分组变量

1. 产权性质分组变量（SOE）

基于企业的最终控制人来划分产权性质分组变量，当控制人为国企时，SOE取值为1，当控制人为非国企时，SOE取值为0。

2. 税收征管强度分组变量（TED）

基于现有文献关于税收征管的表征方式的总结，可以归纳为两大类：(1) 采用税收努力指数TE来表征某地区的税收征管力度。以税收努力指数TE来衡量某地区的税收征管力度的代表有我国学者曾亚敏和张俊生(2009)、叶康涛和刘行（2011）等。(2) 直接采用税务机关的相关数据来度量税收征管。此类代表有曾亚敏和张俊生（2009）、潘越（2013）等。两种方法均有学者支持并且采用，比较而言，税收努力指数TE的数据可得性高、因此作为实证数据的使用者较多，争议较少。因此，本书税收征管强度的表征亦采用税收努力指数TE来表示。

采用叶康涛和刘行（2011）的做法，构建模型如下：

$$T_{i,t}/GDP_{i,t} = \beta_0 + \beta_1 IND1_{i,t} + \beta_2 IND2_{i,t} + \beta_3 OPENNESS_{i,t} + \varepsilon_{i,t} \quad (3-5)$$

$$TE_{i,t} = (T_{i,t}/GDP_{i,t})/(T_{i,t}/GDP_{i,t}\_est) \quad (3-6)$$

同时，基于税收努力指数TE与解释变量交互时可能存在多重共线性的关系，因此本书参照叶康涛和刘行（2011）的做法，设置虚拟变量TED，以样本的中位数作为划分界限，当TE大于中位数时，虚拟变量TED则为1，反之则为0。

所有变量如表3-2所示：

表3-2 变量定义

变量符号	变量名称	变量定义
BTD	会计—税收差异	见式（3-1）
DD_BTD	扣除应计利润的会计—税收差异	见式（3-4）
IP	产业政策	企业所属行业年度为产业政策支持期间范围内时，IP=1、反之则为IP=0
SIZE	企业规模	期末总资产的自然对数
LEV	资产负债率	期末总负债/期末总资产

续表

变量符号	变量名称	变量定义
ROA	总资产收益率	净利润/期末总资产
PPE	固定资产比重	期末固定资产/期末总资产
INVEST	资产收益率	期末投资收益/期末总资产
INTAN	无形资产比重	期末无形资产/期末总资产
GROWTH	企业成长性	（本年度营业收入 - 上年度营业收入）/上年度营业收入
SOE	产权性质	国企 = 1、非国企 = 0
TED	税收征管强度	TE 大于等于样本中位数时，TED = 1、反之则 TED = 0
Year	年度	年度虚拟变量
Industry	行业	行业虚拟变量

三、模型构建

在实证分析中，首先，为了检验假设一，即 H1：在其他条件一致时，被产业政策支持的企业的避税程度低于没有被产业政策支持的企业，构建以下模型：

$$\begin{aligned} & TA_{i,t}(BTD, DD\_BTD) \\ & = \beta_0 + \beta_1 IP_{i,t} + \beta_2 SIZE_{i,t} + \beta_3 LEV_{i,t} + \beta_4 ROA_{i,t} \\ & \quad + \beta_5 PPE_{i,t} + \beta_6 INVEST_{i,t} + \beta_7 INTAN_{i,t} + \beta_8 GROWTH_{i,t} \\ & \quad + \beta_9 \sum Year + \beta_{10} \sum Industry + \varepsilon_{i,t} \end{aligned} \tag{3-7}$$

其中，TA 表示企业的避税程度，采用 BTD 和 DD_BTD 来衡量，IP 表示国家产业政策，是模型的主要解释变量，其余变量如表 3 - 2 所示。在 OLS 回归过程中将采用虚拟变量 Year 和 Industry 来完成面板数据的固定效应检验，并且采用 Robust 完成异方差的标准误差调整。

其次，为了检验假设二，即 H2：在其他条件一致时，产业政策对非国有企业的避税程度影响更加显著，将采用产权性质分组变量来完成国企与非国企之间的回归结果比对，以达到检验假设二是否成立的目的。

最后，为了检验假设三，即 H3：在其他条件一致时，在税收征管强度较低的地区，产业政策能够更加显著地影响企业避税程度，将采用税收征管强度分组变量来完成高税收征管强度地区的企业与低税收征管强度地区的企业之间的回归结果比对，以达到检验假设三是否成立的目的。

第三节　实证的结果与分析

一、变量的描述性统计

企业避税模型所有变量的描述性统计结果如表 3 - 3 所示[①]。(1) 观察企业避税代理变量 BTD 和 DD_BTD，首先，BTD 的均值为 - 0.003，反映样本选取公司中大部分应纳税所得额大于会计利润，同时亦印证目前我国税法中扣除项目少的事实。其次，DD_BTD 的均值为 0.000，其标准偏差小于 BTD 的标准偏差，反映固定效应残差模型对 BTD 的修正作用明显。(2) 产业政策变量 IP 均值为 0.672，反映样本选取公司中受产业政策支持所占比例为 67.2%，反映“十二五”期间的产业政策调整所涉及的范围很大。(3) 分组变量 SOE 均值为 0.695，反映样本选取公司中有 69.5% 为国有企业。(4) 分组变量 TED 均值为 0.434，反映样本选取公司中有 43.4% 属于高税收征管强度地区的公司。(5) 盈利能力指标 ROA 的均值、最大值和最小值分别为：0.049、0.197、 - 0.006，反映样本选取公司的盈利能力相差较大。(6) 成长性指标 GROWTH 的均值为 0.131，反映样本选取公司的成长速度较快。(7) 无形资产比重指标 INTAN 均值为 0.045，反映样本选取公司的总资产中无形资产所占比例约为 4.5%。(8) 固定资产比重指标 PPE 均值为 0.218，反映样本选取公司的总资产中固定资产所占比例约为 21.8%。

---

① 采用 SPSS22.0 完成统计及检验。

表 3-3 企业避税模型变量描述性统计

	平均值 (E)	最大值(X)	最小值(M)	标准偏差	观测值(N)
BTD	-0.003	0.089	-0.077	0.024	7346
DD_BTD	0.000	0.085	-0.071	0.024	7346
IP	0.672	1.000	0.000	0.447	7346
SIZE	21.713	26.331	18.854	1.257	7346
LEV	0.431	0.881	0.044	0.212	7346
ROA	0.049	0.197	-0.006	0.04	7346
PPE	0.218	0.717	0.002	0.163	7346
INVEST	0.007	0.099	-0.005	0.017	7346
INTAN	0.045	0.328	0.000	0.052	7346
GROWTH	0.131	1.553	-0.457	0.301	7346
SOE	0.695	1.000	0.000	0.431	7346
TED	0.434	1.000	0.000	0.496	7346

企业避税模型所有变量的 Pearson 相关检验结果如表 3-4 所示。(1) 总体而言，解释变量与控制变量之间的相关系数较小，基本可以剔除存在多重共线的可能。(2) 企业避税代理变量 BTD 和 DD_BTD 之间相关系数 0.993，在置信度（双测）为 1%（***）时，相关性是显著的，反映税会差异和扣除应计利润后的税会差异之间的相关性很高。(3) 企业避税代理变量 BTD、DD_BTD 与产业政策变量 IP 之间相关性不显著。

表 3-4 Pearson 相关检验结果

	BTD	DD_BTD	IP	SIZE	LEV	ROA	PPE	INVEST	INTAN	GROWTH
BTD	1									
DD_BTD	0.993***	1								
IP	0.009	0.008	1							
SIZE	-0.033***	0.021***	-0.658***	1						
LEV	-0.107***	-0.098***	-0.121***	0.555***	1					
ROA	0.237***	0.216***	0.033***	-0.143***	-0.432***	1				
PPE	0.028***	0.068***	0.068***	0.122***	0.083***	-0.139***	1			
INVEST	0.283***	0.273***	-0.004**	0.049***	0.014	0.109***	-0.07***	1		
INTAN	-0.034***	-0.021**	0.008	0.007	-0.017***	-0.026***	0.098***	-0.005	1	
GROWTH	-0.027**	-0.042***	0.009	-0.027***	0.007	0.163***	-0.131***	-0.103***	0.016	1

二、回归结果分析

（一）全样本模型回归

为了检验假设一，完成关于产业政策对企业避税的全样本固定效应LSDV模型回归结果如表3-5所示①。结果分析如下：（1）企业避税代理变量BTD、DD_BTD与产业政策变量IP之间的回归系数均为-0.002，其中，IP与BTD的显著性为1%，与DD_BTD的显著性为10%，回归结果证明在“十二五”规划中产业政策重点支持企业，其避税程度比未被支持的企业低，假设一得到验证。换言之，产业政策与企业避税程度呈现显著负相关关系。（2）固定资产比重PPE与税会差异BTD之间呈现显著正相关关系、无形资产比重INTAN与税会差异BTD之间呈现显著负相关关系，反映企业资本密集度越高则避税程度越高。（3）投资收益率INVEST均与BTD和DD_BTD之间呈现显著正相关关系，反映企业投资收益率越高则可以享受越多免税优惠政策，从而实现更好的避税。企业成长性GROWTH均与BTD和DD_BTD之间呈现显著负相关关系，反映国家对快速成长的企业实施的重点监管策略，从而导致企业的避税活动受到抑制。

表3-5　产业政策对企业避税的全样本固定效应LSDV模型回归结果

	BTD	DD_BTD
IP	-0.002***	-0.002*
	-3.17	-1.59
SIZE	-0.007***	0.001***
	-11.28	3.97
LEV	0.037***	0.009
	13.54	1.34
ROA	0.591***	0.076***
	69.34	6.31

① 计量部分采用EViews10完成检验分析。

续表

	BTD	DD_BTD
PPE	0.012***	0.131***
	6.93	37.61
INVEST	0.347***	0.325***
	21.37	20.71
INTAN	-0.004	0.074***
	-0.17	11.78
GROWTH	-0.003***	-0.002***
	-13.37	-3.26
常数项	0.067***	-0.059***
	8.64	-4.37
Year	Control	Control
Industry	Control	Control
观测值	7346	7346
R^2	0.473	0.132

（二）基于产权性质（SOE）分组回归

为了检验假设二，完成不同产权性质下产业政策对企业避税的固定效应 LSDV 模型回归结果如表 3-6 所示。结果分析如下：（1）企业避税代理变量 BTD 与产业政策变量 IP 之间的回归系数为 -0.002*（非国企）和 -0.002**（国企），均呈现负向显著相关。回归结果表明无论是非国企还是国企，其产业政策与企业避税程度呈现显著负相关关系。换言之，无法证明假设二。（2）企业避税代理变量 DD_BTD 与产业政策变量 IP 之间的回归系数为 -0.005*（非国企）和 -0.001（国企），回归结果表明非国企产业政策与企业避税程度呈现显著负相关关系，而国企产业政策与企业避税程度的回归系数不显著，假设二得到验证。（3）总而言之，以企业避税代理变量 DD_BTD 作为衡量标准，回归结果支持假设二。

（三）基于税收征管强度（TED）分组回归

为了检验假设三，完成不同税收征管强度下产业政策对企业避税的固定效应 LSDV 模型回归结果如表 3-7 所示。结果分析如下：（1）以企业避

表 3-6　不同产权性质下产业政策对企业避税的固定效应 LSDV 模型回归结果

	非国企		国企	
	DD_BTD	BTD	DD_BTD	BTD
IP	-0.002*	-0.005***	-0.002**	-0.001
	-1.72	-2.33	-2.75	-0.23
SIZE	-0.004***	-0.002***	-0.004**	0.003**
	-7.16	2.13	-11.34	2.26
LEV	0.023***	0.000	0.026***	0.003
	9.74	0.07	11.75	0.72
ROA	0.567***	0.048***	0.588***	0.121***
	43.71	23.81	56.24	7.61
PPE	0.018***	0.143***	0.008***	0.119***
	5.31	24.68	4.75	29.34
INVEST	0.323**	0.307***	0.327	0.313***
	20.34	19.87	22.46	20.17
INTAN	-0.003	0.068***	-0.002	0.093***
	-0.34	4.79	-0.62	10.34
GROWTH	-0.002***	-0.001	-0.002***	-0.001***
	-9.37	-1.39	-14.98	-3.01
常数项	0.063***	-0.067***	0.067***	-0.043***
	5.79	-2.76	8.34	-2.83
Year	Control	Control	Control	Control
Industry	Control	Control	Control	Control
观测值	7346	7346	7346	7346
R^2	0.537	0.127	0.513	0.146

税代理变量 BTD 作为衡量标准，BTD 与产业政策变量 IP 之间的回归系数为 -0.002*（低税收征管）和 -0.001（高税收征管），回归结果表明低税收征管强度地区的产业政策与企业避税程度呈现显著负相关关系，而低税收征管强度地区的产业政策与企业避税程度的回归系数不显著，假设三得到证明。(2) 以企业避税代理变量 DD_BTD 作为衡量标准，DD_BTD 与产

业政策变量 IP 之间的回归系数为 -0.003* （低税收征管）和 -0.001（高税收征管），回归结果表明低税收征管强度地区的产业政策与企业避税程度呈现显著负相关关系，而低税收征管强度地区的产业政策与企业避税程度的回归系数不显著，假设三同样得到证明。

表 3-7　不同税收征管强度下产业政策对企业避税的固定效应 LSDV 模型回归结果

	低税收征管		高税收征管	
	DD_BTD	BTD	DD_BTD	BTD
IP	-0.002***	-0.003*	-0.001	-0.001
	-3.12	-1.93	-1.52	-0.67
SIZE	-0.004***	0.001	-0.003***	0.004***
	-10.31	1.24	-7.56	4.63
LEV	0.026***	0.008*	0.025***	0.003
	12.37	1.72	10.43	0.69
ROA	0.568***	0.082***	0.568***	0.089***
	56.39	5.27	46.32	4.96
PPE	0.005***	0.137***	0.016***	0.124***
	2.96	32.17	7.43	26.49
INVEST	0.337***	0.313	0.331***	0.319
	21.71	20.14	22.16	20.07
INTAN	-0.002	0.086***	-0.001	0.093***
	-0.43	9.27	-0.26	8.19
GROWTH	-0.002***	-0.001***	-0.002***	-0.001***
	-12.34	-2.92	-8.21	4.93
常数项	0.071***	-0.032*	0.051***	-0.093***
	8.56	-1.81	5.87	-5.17
Year	Control	Control	Control	Control
Industry	Control	Control	Control	Control
观测值	7346	7346	7346	7346
R^2	0.546	0.139	0.521	0.134

三、稳健性检验

（一）避税指标替换检验

选定税会差异 BTD 和扣除应计利润后的税会差异 DD_BTD 作为避税指标。根据现有文献资料可知，避税指标的选取还有其他方式，因此，本节将采用吴联生（2009）和刘行（2013）等人的方法，用法定名义税率与实际税率的差表示企业的避税程度，即：

$$RATE = T_{法定名义税率} - T_{实际税率} \tag{3-8}$$

$$T_{实际税率} = \frac{(F_{所得税费用} + M_{递延所得税资产当期发生额} - M_{递延所得税负债当期发生额})}{F_{总税前利润}} \tag{3-9}$$

上式表明：RATE 越大则企业的避税程度越大。采用 RATE 替换 BTD、DD_BTD，得到模型如下所示：

$$\begin{aligned} & TA_{i,t}(RATE) \\ & = \beta_0 + \beta_1 IP_{i,t} + \beta_2 SIZE_{i,t} + \beta_3 LEV_{i,t} + \beta_4 ROA_{i,t} \\ & + \beta_5 PPE_{i,t} + \beta_6 INVEST_{i,t} + \beta_7 INTAN_{i,t} + \beta_8 GROWTH_{i,t} \\ & + \beta_9 \sum Year + \beta_{10} \sum Industry + \varepsilon_{i,t} \end{aligned} \tag{3-10}$$

避税指标替换检验下产业政策对企业避税的固定效应 LSDV 模型回归结果如表 3-8 所示。回归结果表明：产业政策虚拟变量 IP 的回归系数为 -0.009***，即在“十二五”规划中产业政策重点支持企业，其避税程度比未被支持的企业低，进一步验证假设一。

表 3-8　避税指标替换检验下产业政策对企业避税的固定效应 LSDV 模型回归结果

	RATE
IP	-0.009***
	-3.54
SIZE	-0.001
	-0.51

续表

	RATE
LEV	-0.017**
	-0.27
ROA	0.746***
	24.33
INVEST	1.14***
	15.37
PPE	0.047***
	6.91
INTAN	0.019
	1.24
GROWTH	0.001**
	2.17
常数项	0.067**
	2.61
Year	Control
Industry	Control
观测值	7346
R^2	0.069

（二）分位数回归检验

基于企业避税变量 BTD 和 DD_BT，可以采用分位数回归的方法来进一步完成产业政策对企业避税行为的影响的稳健性的检验。采用四分位数来进行回归分析，验证全样本中的产业政策与企业避税程度的显著负相关关系，是否在企业避税程度以四分位数划分下同样均为显著负相关关系，回归结果如表 3-9 所示。

从表 3-9 可知：在四分位回归下，全样本中的产业政策与企业避税程度均呈现显著负相关关系，反映产业政策与避税程度之间呈现显著负相关的关系非常稳健。进一步完成 F 检验，可知在四分位上的回归系数分别在 6.17***和 2.46*上呈现显著差异，即：产业政策对避税程度高的企业和避税程度低的企业的作用存在显著差异。随着产业政策重点支持的产业调

表 3-9 分位数回归检验下产业政策对企业避税的固定效应 LSDV 模型回归结果

	BTD			DD_BTD		
分位数	25%	50%	75%	25%	50%	75%
IP	-0.002 ***	-0.001 ***	-0.002 ***	-0.002 ***	-0.001 ***	-0.002 ***
	-3.58	-2.61	-3.07	-1.96	-1.61	-1.37
SIZE	0.011 ***	0.001	-0.009 **	0.013 ***	0.001	-0.009 **
	17.34	9.27	5.31	6.76	4.29	1.43
LEV	-0.317 ***	-0.056 **	-0.036 *	-0.017 ***	-0.013 *	-0.006 **
	15.32	12.28	10.74	4.36	2.19	1.08
ROA	-0.015	0.249 ***	0.527 ***	-0.007	0.009 ***	0.016 ***
	-1.27	32.38	72.35	-0.36	3.35	7.16
PPE	0.009 ***	0.011 ***	0.014 ***	0.083 ***	0.127 ***	0.153 ***
	4.31	5.21	8.24	21.38	19.27	18.21
INVEST	0.394 ***	0.371 ***	0.267 ***	0.376 ***	0.351 ***	0.293 ***
	6.38	15.49	23.81	7.68	16.32	31.26
INTAN	-0.073 ***	-0.069 ***	0.009	-0.176 **	-0.163	0.037
	-2.68	-1.96	-1.37	9.34	8.16	9.13
GROWTH	-0.003 ***	-0.002 **	-0.001	-0.004 ***	-0.002 *	-0.002 **
	12.96	11.81	11.27	3.16	1.38	0.64
常数项	-0.036	0.027 **	0.071 ***	-0.156 ***	-0.053 ***	-0.042 ***
	-1.37	4.16	9.57	-7.26	-5.61	1.73
Year	Control	Control	Control	Control	Control	Control
Industry	Control	Control	Control	Control	Control	Control
观测值	7346	7346	7346	7346	7346	7346
F 检验：[q0.25]：IP = [q0.5]：IP = [q0.75]：IP						
	6.17 ***			2.46 *		

整，产业政策惠及的企业越宽泛，其对避税程度较低的企业的影响将显著大于避税企业较高的企业。这种结果的现实原因可能是避税程度较低的企业，随着产业政策惠及范围越来越宽泛，其避税的操作空间将增大，此类企业的避税动机和能力将得到提升。而针对避税程度较高的企业，即使产

业政策惠及范围越来越宽泛，由于企业自身已经在采用避税策略进行避税，因此产业政策调整带来的避税的操作空间将小于避税程度较低的企业。

四、研究结论

基于产权性质、税收征管强度的角度，本书得到产业政策与企业避税行为的相关性的实证分析，主要研究结论为：

基于对假设一的回归检验可知：（1）企业避税代理变量 BTD、DD_BTD 与产业政策变量 IP 之间的回归系数均为 -0.002，其中，IP 与 BTD 的显著性为 1%，与 DD_BTD 的显著性为 10%，回归结果证明在“十二五”规划中产业政策重点支持的企业，其避税程度比未被支持的企业低，假设一得到验证。换言之，产业政策与企业避税程度呈现显著负相关关系。（2）固定资产比重 PPE 与税会差异 BTD 之间呈现显著正相关关系、无形资产比重 INTAN 与税会差异 BTD 之间呈现显著负相关关系，反映企业资本密集度越高则避税程度越高。（3）投资收益率 INVEST 与 BTD 和 DD_BTD 之间均呈现显著正相关关系，反映企业投资收益率越高则可以享受越多免税优惠政策，从而实现更好的避税。企业成长性 GROWTH 与 BTD 和 DD_BTD 之间均呈现显著负相关关系，反映国家对快速成长的企业实施重点监管策略，从而导致企业的避税活动受到抑制。

基于对假设二的回归检验可知：（1）企业避税代理变量 BTD 与产业政策变量 IP 之间的回归系数为 -0.002* （非国企）和 -0.002** （国企），均呈现负向显著相关。回归结果表明无论是非国企还是国企，其产业政策与企业避税程度呈现显著负相关关系。换言之，无法证明假设二。（2）企业避税代理变量 DD_BTD 与产业政策变量 IP 之间的回归系数为 -0.005*（非国企）和 -0.001（国企），回归结果表明非国企产业政策与企业避税程度呈现显著负相关关系，而国企产业政策与企业避税程度的回归系数不显著，假设二得到验证。（3）以企业避税代理变量 DD_BTD 作为衡量标准，回归结果支持假设二。

基于对假设三的回归检验可知：（1）以企业避税代理变量 BTD 作为衡量标准，BTD 与产业政策变量 IP 之间的回归系数为 -0.002* （低税收征管）和 -0.001（高税收征管），回归结果表明低税收征管强度地区的产业政策与企业避税程度呈现显著负相关关系，而低税收征管强度地区的产业政策与企业避税程度的回归系数不显著，假设三得到证明。（2）以企业避税代理变量 DD_BTD 作为衡量标准，DD_BTD 与产业政策变量 IP 之间的回归系数为 -0.003* （低税收征管）和 -0.001（高税收征管），回归结果表明低税收征管强度地区的产业政策与企业避税程度呈现显著负相关关系，而低税收征管强度地区的产业政策与企业避税程度的回归系数不显著，假设三同样得到证明。

对回归结果进行稳健性检验，结果可知：（1）采用避税指标替换回归检验结果表明，产业政策虚拟变量 IP 的回归系数为 -0.009***，即在“十二五”规划中产业政策重点支持企业，其避税程度比未被支持的企业低，进一步验证假设一。（2）采用分位数回归检验结果表明，在四分位回归下，全样本中的产业政策与企业避税程度均呈现显著负相关关系，反映产业政策与避税程度之间呈现显著负相关的关系非常稳健。进一步完成 F 检验，可知在四分位上的回归系数分别在 6.17***和 2.46* 上呈现显著差异，即：产业政策对避税程度高的企业和避税程度低的企业的作用存在显著差异。随着产业政策重点支持的产业调整，产业政策惠及的企业越宽泛，其对避税程度较低的企业的影响将显著大于避税企业较高的企业。

第四章　企业避税行为约束的国际经验借鉴

一国的税收体系会因为国情的不同在各地呈现不同的特点，因为每个国家的历史、文化、宗教等意识形态不同，所以即便是一样的税收制度所带来的效果却是截然不同的。但是即便如此，税收在理论和实践上仍然有许多共同之处。这种共性来源于世界各国在税收理论与实践领域越来越广泛深入的交流、竞争与合作。这使各个国家在税收政策、征管机制等方面仍然可以相互借鉴、取长补短。目前，世界各国都存在企业避税行为，特别是跨境的偷逃税行为更为严峻，这就更需要每个国家能够加强交流、合作，互相学习，相互借鉴。本书将从正式制度、非正式制度、实施机制三个方面介绍税收发达的国家在企业避税治理方面的经验，从而为加强我国企业避税行为的制度约束提供借鉴。

第一节　健全正式制度的经验借鉴

一、健全的宪法体系是约束企业避税行为的制度基础

在西方发达国家中，关于征税的目的，征纳税双方的权利等税收要素确定的原则在宪法中都会明文规定，从而体现对私有财产的保护，比如法国、美国、英国的宪法中就明确规定税收的用途，并规定了只有国会通过法律才能开征税收，同时强调对于税收法律的修订必须通过法律确定，这其实就是税收法定原则的体现。

这些发达国家为什么对于税制要素的确认、税法的新立和修改一定要

在宪法中体现这种法定原则呢？因为只有税收法定原则得以落实才能从根本上保障纳税人的权益，让纳税人成为一国税收征管中的主体，让纳税人相信征纳税都是自己的权利。这样一来，纳税人的意志得到了很好的体现，这对建立纳税遵从的意识至关重要。纳税人会觉得纳税是关乎自身利益的大事，企业避税行为会影响自己的利益，这就从道德、文化上对企业避税行为给予了制约。这种非正式制度的制约会使这个国家对税收规避行为的容忍度很低，所以，在西方发达国家里面出现企业的避税行为一定会遭到严厉的谴责，从而影响该企业的信誉度，这种影响往往是致命的，会导致企业在经营中的收益收到极大的影响，换而言之，就是会导致企业避税行为的成本大增，这样企业避税的收益就会减少，甚至为负，那么出于利益的考虑，企业会重新在是否避税的问题上进行选择，这样实际就是对企业避税行为进行了制约。

从另一个角度来说，税收是由全民参与的宪法所确定的，会使纳税人相信这是其自愿的事情，不是国家强加给自己的，从而使政府与纳税人的征纳税关系不再处于对立的局面。所以通过税收法定原则产生的税收政策更容易被人接收，因为这是自愿的行为，而非被迫，这促使纳税人真正认同国家的税收法律，并愿意主动遵守，这无疑会使纳税人的税收遵从度上升，从而建立企业避税行为的内在约束。

二、完善的税收法律是约束企业避税行为的制度保障

（一）发达国家的税制体系注重从信息不对称方面加强对企业避税的约束

信息的不对称是企业避税行为能够成功的重要原因。纳税人的信息只有自己最清楚，显然税务机关处于信息的劣势方，因而如何解决信息不对称问题是制约企业避税行为的关键。获取企业涉税信息的途径有很多，但最好的方式是使纳税人主动申报自己的真实涉税信息，这也是成本最低的方式。所以西方发达国家的税法中都会明确规定纳税人必须申报的涉税信息。在这方面美国的做法值得我们借鉴。

1. 纳税申报内容详细，包含面广

美国的纳税申报表不止细化到税制，更涉及具体事项，不同纳税人、不同的事项填写不同的申报表，充分满足了税收征管对纳税人信息的要求。另外，其纳税申报报告包含了多种交易类型，IRS 规定了必须报告的六种交易类型，涵盖了企业已经出现或者可能出现的避税交易。这些都为税务机关反避税行为提供了重要信息。

2. 建立了避税产品的注册、登记制度

美国政府要求企业对自己所使用的避税方法、避税产品要进行注册、登记，这是企业必须履行的申报义务。这个制度使企业的避税信息能有效被税务机关掌握，且信息获取的成本较低，这可以在一定程度上缓解征管部门对企业避税信息不足的问题，从而增强税务征管部门的反避税成效。

3. 税收申报违法行为的处罚力度很强

为了确保政府的税收申报制度能够被有效执行，美国对违反申报制度的企业规定了严厉的处罚措施。比如对逾期未按规定申报涉税事项的企业实行加罚的制度，最高加罚可以到应纳税款的 25%；对于违反避税信息披露规定的企业，处以 50 万美金的罚款；对于不履行避税产品实物登记、注册的企业，超过 20 天后，以每天 1 万美金累积计算罚款。包括德勤、安永在内的全球四大会计师事务所都因违反申报规定被进行过相应处罚，这些严厉的处罚规定都为美国的避税产品申报体系提供了制度保障，改变了企业在避税行为上选择，有效遏制了严重的避税行为。

当然，在解决信息不对称问题上，日本、加拿大、英国的方法也有一定的借鉴意义。加拿大建立了投资方、被投资方的双向涉税信息申报制度。通过该制度可以核对双方信息的真实性，确保企业申报数据的质量，在一定程度上可以解决税务机关与企业的信息不对称问题。另外，加拿大和美国一样还通过法律的形式要求涉税的相关机构主动向税务机关提供税收情报，这使税务机关获取涉税信息的途径得到了拓宽，有效降低了税务机关掌握企业避税信息的成本。日本则按照纳税人的财务核算制度情况，把纳税人分成了两类，蓝色申报与白色申报，两类企业享受的税收待遇不同。会计制度健全的企业用蓝色的纳税申报表，这意味着这类企业可以获得更多的税收优惠政策，反之，则无法享受税收优惠。这个规定可以促使企业自己提高财务的管理水平，提供更高质量的税务信息。很多日本企业为了提高自身财务管理水平，聘请了专业的税务代理人员为其进行账务处理、纳税申报，完善自己的财务管理水平，这些都为企业涉税信息的披露奠定了基础。英国则是要求企业在进行纳税申报时，除了提供纳税申报表之外，还要报送有董事长与审计师签名的账册副本和相关财务报表等资料，这也能使税务机关掌握更多的企业涉税信息，缓解税务机关涉税信息不足的问题，从而减少企业避税行为的成功率。

（二）发达国家的税收法律体系通过体现税收中性的原则实现对企业避税的约束

强调税收的宏观调控职能会导致税收政策地区间与行业间的差异，会出现不同地区、不同行业的税率和税收优惠等政策不一样，而这些差异给企业避税行为提供了条件，或者说只要存在这些差异，必然会带来企业税收的规避行为。因此，西方发达国家的税收政策强调税收的中性原则，主张税制不应干预市场的正常运行，尽可能地减少税收带来的扭曲效应。这种税收理念认为税收政策应当对所有纳税人无差别，特别是税收优惠应当一视同仁。在税收中性原则下，企业避税行为的空间被不断压缩。从世界各国的税制改革情况来看，基本都趋向税收中性原则，很多国家取消了原有的税收支出，在宽税基、低税率的原则下，减少了税收优惠。比如美国在 1986 年的税改就一次性取消了 60 多项税收抵免和扣除（迈克尔·J. 博斯金，1997）[①]。伴随着这个改革趋势，各国的税制趋向简单明确，税收优惠条款所带来的不确定因素逐步减少，这使企业避税行为得到有效约束。

我国一直把税收当成非常重要的调控经济的工具，在设计税收政策时，不同地区、不同行业的差异比较大，这些都给企业避税行为提供了空间，所以，我们可以借鉴发达国家的经验，将税收中性原则作为我国税收

① 迈克尔·J. 博斯金. 美国税制改革前沿［M］. 北京：经济科学出版社，1997.

政策制定的重要原则，减少税收的差别待遇，一方面可以压缩企业避税行为的空间，另一方面税收中性原则也有利于提高纳税人的诚信，从而约束企业避税行为。

（三）发达国家通过提高税收立法质量，实现对企业避税的约束

赫克（1914）认为由于立法者的局限性，其制定出来的法律一定会存在缺陷，这就是他的有限理性立法者理论。西蒙（2007）[①]、卡尼曼和特维斯基（1979）[②] 分别从经济学和心理学的角度验证了赫克的这一理论观点。他们认为立法者的知识、信息、表达能力都是有局限的，这使其制定的法律也不可能完美无缺。税收法律的制定也是如此，由于立法者的局限性，一国的税收法律总是会存在一定的漏洞，这是很难避免的。企业为了追求利益的最大化，必然会利用这些漏洞进行避税，可以说税收法律的漏洞是企业避税行为存在的重要原因。所以尽量减少税收法律的漏洞是减少避税行为的有效手段。因而，西方发达国家一直都很重视立法的质量，希望尽可能地减少税法的漏洞，从而降低企业避税行为的可能性。发达国家主要是通过两个方面提高税收立法的水平：

1. 建立税收的母法作为单行税法的基准

税收的母法也可以称为税收的基本法，它是处理税收法律共性问题的基本准则，它是其他单行税法的制定依据。德国的《税收通则》[③] 和日本的《国税通则》[④] 就属于这类。税收基本法可以协调单行税法之间的关系，减少不同税收法律法规之间的冲突，从而减少税法的漏洞。目前许多国家都建立了税收的基本法，比如印度、韩国、俄罗斯、荷兰等国都已经确立自己的税收基本法。美国、法国则是通过建立综合法典的形式规范税收法

---

① 赫伯特·A. 西蒙著，詹正茂译．管理行为［M］．北京：机械工业出版社，2007.

② Kahneman D. , Tversky A. , Prospect theory: An analysis of decision under risk ［J］. Econometrica, 1979, 47: 263 - 291.

③ 德国税收通则，于 1919 年 12 月 22 日公布，同年 12 月 23 日生效，为 1919 年德国税收通则。此后，经数十年努力，于 1976 年 5 月 16 日公布了全面修订的新法，于 1977 年 1 月 1 日生效，为 1977 年德国税收通则。

④ 日本国税通则自 1962 年 4 月颁布。

律中的共性问题。可见确立税收的基本法是发达国家减少税法漏洞的通行做法。

2. 通过不断修订完善税收法律，及时堵塞税收法律的漏洞

随着社会的进步，税收法律会逐渐不适应经济的发展，出现税法制定时所没有考虑到的漏洞，所以一国的税收法律应不断完善，以适应社会的需要。英国的税收法律修订工作值得我们借鉴，英国政府坚持每年修订税收法律，并在修订时广泛征求民意，最后还要通过议会的审议。定期修订税法能够保障税法跟上社会的发展步伐，及时弥补税收法律中的缺陷和漏洞，从而在立法的环节减少企业避税实现的可能。

（四）发达国家通过建立反避税规则，实现对企业避税的约束

随着各国避税行为的增多，发达国家通过建立一般或特别反避税规则对企业避税行为进行治理。包括美国、加拿大、法国、新加坡等在内的发达国家都已经建立了一般反避税规则。该规则对避税行为及其结果作出定性描述，税收执法机关根据其定性描述识别避税行为的标准以便予以法律处置。比如澳大利亚的所得税法第四部中就明确列举了 8 种情形属于避税的特别安排，税务机关有权取消这八种情形所带来的税收利益。这 8 种特别安排实际上就是企业通过某种方案或行为减少纳税人的税负，从而获得税收利益，也就是企业避税行为。

通过以上的分析，西方发达国家税收法律的制定原则、立法规则等方面的经验是值得我们借鉴的，特别是将税收中性原则作为立法的重要原则，减少了税收法律的差异，提高了立法的水平，从而使企业避税行为的空间被压缩。这对提高纳税人的税收遵从度、约束企业避税行为有着积极的意义。

第二节　完善非正式制度的经验借鉴

一、道德文化是约束企业避税行为的社会条件

西方发达国家的道德文化与税收观的紧密结合形成了对企业避税行为的有效的约束，这种非正式制度的约束在某种程度上比正式制度约束所带来影响力更强。以美国为例，其社会道德文化虽然认为经济人应该最大程度的追求利益，但是却同时强调合法、公平的获利原则。也就是说西方发达国家的道德文化认同的是人们必须合法地获取利益、公平地获取利益，在此基础上也就形成了人们合法、公平纳税的税收观。人们认为合乎道德的正确行为应该是严格遵守税收法律，只有在守法基础上获得的利益才会被尊重。并且社会公众普遍认同的获利应当是等价交换的公平获利，因而等价交换原则深入民众内心，在税收思想上则体现为纳税权利和义务的对等。美国人认为税收不仅是义务，更是一种权利，他们会选择主动申报纳税，同时对避税行为十分鄙视。社会主流观点认为避税行为违背了获利的公平、合法性原则，是应当被谴责的行为，是对国家公众整体利益的伤害。所以当企业的避税行为被发现时，会受到千夫所指，对企业信誉的影响极大，这就使企业在面临避税行为的选择时会十分谨慎，因为违法的成本是巨大的。毫无疑问，西方发达国家的这种道德文化的影响对于企业避税的约束十分有效，这也为我国完善企业避税行为的非正式制度约束提供了借鉴。

二、完备的涉税教育是推动纳税遵从的理念基础

税制完善的国家一般都很注重公民的纳税意识的培养，这一点美国有很多值得我们学习的地方。美国政府在学生低年级时就开设了很多与税收相关的课程，比如《美国税收史》《理解税收》，等等。这些课程让他们从小就树立了诚信纳税的税收观。同时，美国政府还经常对企业经理、农场

主和雇员进行税收知识的免费培训，尤其是对小企业的业主税收培训最多，因为小企业数量众多，而且纳税意识相对较少。不仅如此，政府还会对从事税收专业工作的人进行税收知识的专业培训以提高其从业水平和质量，比如对律师、会计师都有此类培训。并且美国政府还注重对低收入和母语非英语国家的纳税人提供税收服务，帮助其熟悉纳税申报的相关知识。这些分层次的培训有效地提高了美国社会公众的纳税意识，使其国民的纳税遵从度得以提升。美国系统完备的税收宣传教育体系不仅仅体现在税收知识的培训上，庞大的宣传网络也是该体系的重要组成部分。不仅邮局、图书馆可以向公众提供免费的税收宣传资料和纳税指南，而且互联网、报纸、电话都是政府宣传税收知识的途径。可以说在税收知识的宣传上，美国政府是不遗余力的，这些工作减少了人们由于缺乏税收知识而带来的避税行为。所以让社会公众掌握必要的税收知识可以无形中提高公民的纳税遵从度，相应减少避税行为。

当然在美国之外，很多发达国家除了很重视税收知识、税收文化的宣传和教育，同时还通过提高纳税服务质量来促使社会公众减少税收的不遵从行为。比如说法国为了方便纳税人随时了解自己的纳税状况，专门建立了纳税人电子档案系统，这个系统是全国联网，并且是实时更新的，而且在纳税申报时，还有多种形式对纳税人申报工作的辅导服务，这些都极大地方便了纳税人。日本也是如此，税务局有专门的宣传和咨询部门，定期制作针对不同群体的税收宣传录像，比如学生、成人、法人的宣传片是不同的，这样是税收知识的宣传更有针对性，宣传效果更好。可见，完备的税收教育宣传体系对优化一国的纳税环境、提高国民的纳税遵从度意义重大，它是构建企业避税行为的非正式制度约束的基础。

第三节 强化实施机制的经验借鉴

如果没有完备的实施机制，再好的正式制度效果都是有限的。如何构建一个完备的税法实施机制是世界各国都面临的一个难题。通常我们可以用税收流失的规模来衡量一个国家的税收实施机制是否有效。但就目前而言，世界各国都存在不同程度的因为避税所带来的税收流失。即便是在税制健全的发达国家也存在着税收流失的问题，连公认的税制最完善的美国也不例外。根据美国政府的估算，其联邦政府的税收流失为14%，而意大利、巴西等国家则高达30%—50%。因此，世界各国都在致力于通过完善税法的实施机制遏制税收的流失问题，这些措施和手段对完善我国的税法实施机制也有很多的可借鉴之处。

一、信息管税机制对企业避税行为的约束

建立科学的纳税人信息统计和评估系统可以有效地抑制信息不对称所带来的避税行为。因为即便纳税人避税行为没有被税收征管部门及时发现，但其纳税相关数据在评估系统中却会呈现异常状态，这能帮助税务稽查部门准确找到稽查的对象，发现企业的违法行为。目前，西方发达国家基本都有一套类似的纳税统计和评估系统以帮助税务部门甄别企业是否存在税收的违法行为。就像美国的DIF判别系统（Discriminal Functions System)，该系统是税务征管部门专门用以评估纳税人的纳税相关情况的，该系统通过计算机测算纳税人的涉税数据，对应预设的各项评估指标，从而判断纳税人是否存在避税的违法行为。为了保证计算机测算的准确性，对于测算结果还会进行人工的校正，并且税务机关还会实时对计算机内的各项评估指标数值进行修正，以确保计算结果的科学性、规范性。

在发达国家里，完善的金融体系也是其收集纳税信息的途径之一。比如美国，由于现金交易很少，大量交易都是通过金融机构，因而银行等金融机构能搜集到大量纳税人的信息，而且由于美国税收法律中明确要求金融机构必须提供此类信息，所以银行在搜集这些涉税信息时不需要得到客户的同意，就可以直接把它交给税务机关。税务机构把从银行等金融机构获得这些信息再和DIF系统相比较，就能很快确定需要稽查的对象，发现违法的行为。另外，不仅在美国国内，美国的税务机关还在很多国家和地区设立代表机构，专门收集纳税人的信息，从而确保税务评估系统的准确

性。这些方法使美国的联邦税务局成为效率很高的政府机构，稽查准确率高，工作成本低，威慑力却很大，有效地遏制了企业避税行为。

加拿大政府也很重视纳税人信息的搜集，除了要求雇主与雇员、投资人与被投资人需要进行双向申报，而且在全国建立了多个纳税情报中心，银行等金融机构、企业等相关部门都是这个信息网络中的一部分，这使税务局能较快地掌握纳税人信息，且通过各部门提供数据的比对，能准确判别信息的真伪，这些都使其税务机关的办案成本相对较低，税务检查对企业违法行为的约束力很大。

我国的税务稽查部门虽然也有一个纳税评估系统，但是目前各省都选用不同的系统，信息没有链接起来，而且没有金融机构等相关部门的配合，信息来源不多，评估指标的选择准确度低，稽查的选案成功率不高，相应稽查工作的成本就很高，因而这些发达国家的经验还是值得我们借鉴的。

二、司法保障机制对企业避税行为的约束

在实施机制问题上，除了涉税信息的获取、征管手段的效率能影响企业的纳税行为之外，税收司法案件的处理是否高效、准确也是影响企业避税行为的重要因素之一。在这个方面，西方发达国家有许多值得我们学习的地方。

（一）完善的税收司法机构设置保证了税务司法案件处理的公正性

涉税案件司法处理的公平性是保障纳税人权益的重要一环，它直接影响着纳税人的税收遵从度。确保税务案件的处理能公正、公平的前提条件是税收司法机构的独立性，所以发达国家在设置税收司法机构时都很注意其独立性。目前加拿大、美国、日本、韩国等发达国家都设立了专门的税务法院。税务法院是专门用来受理税务民事诉讼案件的机构，由大法官和正式法官独立审理涉税案件，大法官和正式法官是终身制的，因而其受到政府的影响相对较少，所以税务法院有着很强的独立性，可以公平地审理纳税人和税务机构有争议的案子。如果纳税人对税务法院的最终判决有异

议的，还可以向联邦法院上诉。独立的司法审案机构，使纳税人的权利得到了充分的保障，纳税人在公平的税收环境下更愿意主动遵从税法的安排，所以企业的税收遵从普遍较高。

（二）科学的税务案件审理程序提高了税收争讼案件的处理效率

涉税案件的处理效率直接影响征纳税双方的成本，效率越高，涉税事宜成本就会更低，尤其对纳税人而言，纳税遵从的成本越低，其税收的遵从度就会越高。在这一点上，加拿大的做法可以借鉴。加拿大的税务法院将涉税案件分成了两大类。一类是涉税金额不大，审理时间较短，税务举证要求不高，诉讼费较低的案件，这类案件通常使用非正式程序审理；还有一类是涉案金额较大，举证要求很高，通常审理时间很长，诉讼费用较高的案件，这类案件则使用正式程序审理。非正式程序审理案件不需要严格的法律程序就可以结案，所以征纳税双方的诉讼成本都较低，而现实生活中绝大多数的税务争讼案件都属于这一类案件，涉税金额庞大的案件只占所有案子的20%，所以通过不同审理形式来处理税务案件使加拿大税务法院的工作效率很高，对于纳税人来说一般税务争讼的处理成本比较低，从而使其税收的遵从度较高，企业避税行为相应减少。

三、税收执法机制对企业避税行为的约束

政府对企业避税行为的约束是否有效往往取决于该国的税收征管机关的反避税能力。而税务机关的反避税能力则是由该国的税务征管机制决定的。具体体现在三个方面：

（一）独立性的税务征管机构避免了政府的干扰

各级政府对税收部门的干扰是导致我国税收流失的原因之一，所以税务机构的独立性是保证税务机构征管效率的前提。发达国家在税务机构的设置上一般都将独立性作为重要的考量。美国是最典型的，美国的税务机构分为三级，联邦政府、州政府和地方政府税务机构。三级税务机构相互不能干涉，各自独立地完成自己的税收征管工作。这种独立性使税务机构在办案时不用考虑来自于其他部门的影响，减少了政府对其的干扰，一定

程度上避免了一些政府寻租行为的发生，同样也就减少了企业避税行为成功的几率。

（二）大量高级审计人员是税务稽查部门工作效率的保障

税务审计、稽查部门是税务机构的核心部门，他们是直接检查纳税人纳税行为的人员，因而对税务审计、稽查部门的人员素质要求通常是很高的，所以发达国家一般给税务审计或稽查部门都配比了大量的高级审计人员，这确保了税务审计或稽查工作的高效率，有效地遏制了企业的违法行为。例如加拿大的税务审计机构的高级审计专家占比高达15%，而美国税务机构有一半的工作人员都是审计人员，日本的税务稽核部门配备的审计人员则占总人数的33%。这些对于我国税务稽查部门的人员配比设置有一定的借鉴意义。

（三）税务审计、稽查的实施机制科学严密降低了税务成本

税务审计或稽查的效果往往会受到实施机制的影响，在完善税务审计或稽查的实施机制上我们也可以借鉴发达国家的一些做法。

首先，按照审计或稽查对象设置税务机构。加拿大、美国都是按照税务审计的对象来设置税务审计机构。加拿大是按企业类型分设大企业稽查、普通企业稽查、跨国公司稽查、国际税收稽查等机构。美国则是按企业类型进行分类设置税务审查机构。这样的划分可以很好地提高审计或稽查的效率。

其次，合理搭配专业技术人员保障审计或稽查的效率。因为企业类型众多，在稽查案件审理过程中，往往会需要掌握不同知识面的各种专家，所以如何配置专业的稽查团队直接影响稽查的效率。比如美国，其一个税务稽查团队中往往包含审计专家、会计人员、经济学专家、计算机专家、国际业务专家等。荷兰的税务稽查团队也是配备了税务、会计、审计、计算机等行业的专家（周虹、谢波峰、谷显漩，2006）。通过这些专业人才知识结构的互补，大大提高了办案的成功率。

最后，防舞弊机制的设置减少了税务审计过程中的寻租行为。税务稽查中寻租行为往往带来稽查效率的降低。所以一些发达国家在稽查程序中

设置了防舞弊机制。比如美国的税务机构在涉及大公司的稽查时，稽查团队的成员会从各方面选取，而且实行轮岗制度，对于稽查团队成员经常轮换。这种设置有效降低了税务审计或稽查过程中的寻租行为，保障了税务稽查的实施机制正常运行。

第五章　现代税收治理框架下约束中国企业避税行为的制度建设思路

党的十八届三中全会将提高国家治理能力、建设现代化的国家治理体系作为政府的工作目标。之后又进一步提出了建设现代化国家治理体系的总的目标、要求和任务。根据总目标，提出了要增强税收在国家治理中的基础性作用、支柱性作用和保障性作用，要增强税收的这一作用，实际就是要构建现代税收治理体系。现代税收治理体系的建设对完善我国税制、约束企业避税行为有着重大现实意义。本书拟从制度经济学的角度，结合现代税收治理体系框架，从正式制度、非正式制度和实施机制三个方面探讨完善税收治理，约束我国企业避税行为的路径。

第一节　约束企业避税行为的正式制度建设措施

目前，我国税收治理能力相对较低，具体来说就是对纳税人的行为没有形成有效约束，对于企业避税行为起到的是反相的激励作用。究其原因，这与我国的税收制度的不健全密切相关。治理企业的避税行为核心的问题是税收的立法权，因而本书将分别从税收立法的层次、税收立法的内容以及中央、地方立法的关系来论述这一问题。

一、提升立法层次及立法水平

依法治税是税收治理现代化的前提，因而如何实现税收的法制化是问题的关键。税收法律作为国家法律体系的一部分，它的制定程序是否完善，直接影响税收法律的效果，所以只有在税收的立法过程中真正落实税收法定原则，提高立法水平，才能真正实现税收治理现代化，从而对企业避税行为构建强有力的正式制度约束机制。

（一）确定税收法定主义，约束企业避税行为

依法治国是实现国家治理现代化的前提条件，也是推进国家治理体系改革的重要保障。税收工作是国家治理的重要环节，依法治税是依法治国的具体体现，也是实现税收治理现代化的基础。要在税收工作中体现法制化、现代化，关键在于是否能落实税收的法定原则。税收法定原则是保证税收法律的刚性、维护税法权威的前提，只有该原则能真正落实，税收法律才能更好地体现公平、正义，从而得到社会民众的支持，促进全民税收遵从度的提高。

宪法是我国的根本大法，具有最高权威，因而税收法定原则应当首先在宪法中明确规定，然后再按照规定来制定税收的相关法律和法规。根据我国的国情，全国人大是我国的最高权力机关，只有通过人大制定的税收法律才能称之为法，才具有最高的法律级次，因而要落实税收法定原则还有一个重要的环节就是所有税种都应由人大立法确认，特别是主体税种的立法。我们国家过去习惯采用人大的授权立法，像增值税、消费税这些主体税种都是采用这种方式立法，这就导致了税收立法级次不高的问题，从而降低了税法的权威性。这个问题近两年有所改善，一些小税种逐步实现了人大的直接立法，如环保税、烟叶税等，但是整体来说占我国税收主体地位的增值税、消费税等还没有实现人大的直接立法。所以下一步应尽快落实这些主体税种的人大立法，从而全面提高税收法律的级次，确保税法的权威性。只有规范了税收的立法、执法和司法程序，才是真正落实了税收的法定原则，实现了依法治税，才能吸引社会组织和公民积极参与到税收活动中来，通过主动的纳税遵从，形成对企业避税行为约束的制度基础。

（二）建立税收基本法，约束企业避税行为

建立税收的母法可以避免制定单行税法时的冲突与缺陷，所以它是西

方发达国家建立税收法律体系的通行做法，随着我国税法理论与实践的不断发展，制定税收通则法已经势在必行。在现代国家治理的框架下，要落实税收法定原则，我国应加快依法治税顶层设计进程，建立科学、稳定的税法体系，提高税法的系统性、协调性和开放性。尽快出台税收基本法，把宪法和单行税法连接起来，从而作为统帅各单行税收法规的母法。如果有了税收的基本法，每个单行税法都根据其规定来确立，我国过去那些单行税收法律、法规打架的问题就可以得到有效解决，从而使税收法律体系更加完善，民众在面对税收法律问题时就不会出现无所适从的情况，从而促进纳税人税收遵从度的提升，进而夯实税收法治的制度基础。

（三）提高税收立法质量，约束企业避税行为

一个国家的税收立法水平的高低会直接影响税收治理的效果，我国要实现税收治理的现代化，构建发达的税制体系，就必须提高税收立法的质量，从而满足税收征管工作的需要。我国目前的税收立法工作相对比较粗糙，在税收立法的科学性、民主性上还有很多缺陷。首先，没有把税收立法放到整个税收体系建设中去，更多地考虑了历史、习惯等因素，在对具体税种的立法时，基本都是对过去税收法规的平移，最典型的就是营业税改增值税，营改增的行业所适用的增值税条例基本就是过去营业税的规定。近年立法的几个小税种基本也是这样操作，将过去的法律法规平移过来，没有站在优化税制、完善税收体系的大框架下进行税收的立法工作。其次，在税收立法的过程中，公民、社会组织的权利没有真正体现出来，社会公众的参与度不高。虽然 2018 年的个税立法修订过程中，在网上征求了民众的意见，但是最终决定方案仍然以行政部门为主。规范的立法程序应当是从提案到最终的表决环节都有社会公众的参与，不仅要广泛征求民意，还要聘请法律顾问、设立税收立法咨询专家库，减少行政官员的干扰，经过人大的充分讨论，最终表决通过。通过建立这种对公众意见的吸纳和反馈机制，提高税收立法的民主化。只有这样制定的税收法律才能真正得到民众的认可，从而减少纳税人避税行为的动机。

二、深化税制改革，建立现代税收制度

（一）建立简化、高效的现代税制，约束企业避税行为

简化税制是建立在创新型税收制度的前提和基础上的。如前文所说，一国的税收征管体系的效率往往是由税收制度的复杂程度所决定的，因为税收制度越复杂，纳税人的税收遵从成本就会越高，相应的纳税遵从度就会较低。所以，针对我国目前税收遵从度较低这个问题，简化税收制度是十分必要的。而且从近年来世界税制的改革趋势来看，减税制也是各国税制改革的基本原则。总体而言，我国目前的税收制度较为复杂，不确定性强，而且变动频繁，这些都导致了纳税人遵从成本的上升、税务机关征税成本的提高。因此，未来的改革方向应当是通过简化税制降低征纳税双方的成本，促进公民税收遵从度的上升，进而减少企业避税行为。

目前优化税制主要可以从四个方面入手：

1. 简化税率结构，营造简洁、透明、公平的税收环境。复杂的税率结构会直接导致企业纳税遵从成本的上升，从而增加其避税行为的动机。

2. 加强税收优惠的立法，从法律层面规范税收优惠行为，确定税收优惠的范围，废止不适用于目前经济发展的税收优惠措施。复杂和不均衡的税收优惠政策是实现企业避税行为的基础。所以，对我国混乱的税收优惠政策进行清理是十分必要的。财税部门应当按年度对于各项税式支出的效果进行评估，对税收优惠政策的受益方行为进行考察分析，对未能达到政策目标的税收优惠政策予以取缔，防止税收优惠政策被滥用，以及由此而导致的企业避税行为和税收寻租行为。

3. 清费立税，简并税费，减轻企业负担。我国的政府收费繁多是企业负担较重的重要原因。因而在完善税收体系的同时，应当对众多的政府性收费予以全面清理，严格控制政府收费的权限，最终实现费改税的目标。

4. 限制税收制度设计过程中试图融入的政策目标数量。

从前文的分析我们知道，一国的税收制度如果被赋予太多的宏观调控目标，就会失去税收的中性原则，这种随时根据政府调控目标而改变的税

制肯定是缺乏稳定性的，而且给社会带来的扭曲效应会比较强。复杂多变的税收制度无形中增加了征纳税双方的成本，而税收的遵从成本的提高，会加强企业避税行为的动机。所以有必要限制税收制度设计过程中融入的政策目标数量。

（二）完善税收程序法改革，约束企业避税行为

要实现税收治理现代化，关键是税收治理能力的提升，我国除了税收实体法需要改革之外，程序法的修订也十分必要。新税收征管法迟迟没有出台，对于税收征管水平的提升是一个较大的阻碍，旧的征管法对纳税人权利的保障功能较弱，缺乏对社会相关组织信息披露的强制要求，对税收违法行为惩处力度不足，这些都导致了税务机关的征管效率不高，具体来说体现在纳税人信息获取途径较少、征管手段不能跟上经济发展的需要、对新兴数字经济缺乏有效管理方法，无法达到税收治理现代化的要求。

在完善征管法中，我们可以借鉴美国的经验，通过建立灵敏的避税交易发现机制、反馈机制和准确的定性管理机制，降低税务机关获取避税信息成本，从而有效地约束企业避税行为。纳税人避税信息披露制度在新的征管法中应明确界定。比如说纳税人填写避税交易信息表的义务、税务代理机构开发的避税产品注册登记制度都应有明确的规定。税务机关、纳税人以及第三方单位各自的权利和义务在新征管法中也应详细确认，这样有助于纳税人、社会组织主动参与税收活动，从而体现政府、税务机关、社会公众三方共治的税收治理机制。该机制能有效解决税收信息不对称的问题，使税收征管成本得以降低。同时，征管法还应对纳税人不遵从行为规定严厉的处罚制度。例如，对纳税人不遵守信息披露制度、不履行避税产品登记注册制度加大罚款力度，从而保证新征管的顺利执行，以提升我国税收征管效率，进而有效约束企业避税行为。

但需要注意的是，新的征管法既要强化税收征管方式，又要防止公权力的过度扩张，应用切实的条款维护纳税人的权益和隐私，既要保护公民的合法权益，又要防止公民权利的滥用或违法行为。只有当纳税人的合法权益得到保障，其税收的遵从度才会上升。

三、完善中央地方立法关系，规范政府收费

目前，乱收费是我国企业税负过重的重要原因之一，其实从狭义税收负担来说，中国的宏观税负并不高，但是如果加上各种政府性收费，我国企业的宏观税负就比较高了，已经达到了中等发达国家的水平。高的税费负担，必然会增加企业避税的动机，因此，切实降低企业税费负担在一定程度上可以降低企业避税的动机。针对这个问题，我国已经进行了税费改革，治理政府乱收费问题。这些年的税费清理取得一定效果，各地政府乱收费得到了遏止，但从政府收费的占比来看，税费清理的工作还需进一步深入。但究其原因，根治乱收费问题的关键在于地方政府自给能力的提高。

在我国，中央与地方事权与财权不匹配问题一直存在，分税制财政体制改革时，虽然对中央和地方事权进行过划分，但并未根本解决这一问题。然而2016年全面营改增后，作为地方主体税种的营业税取消了，地方政府税收收入萎缩，这又进一步减少了地方政府的可用财力，于是地方政府乱收费的现象更严重了，这使税费改革更加艰难。要解决这一问题，必须科学地划分中央和地方的事权和财权。

中央、地方的财权划分，应当是建立在科学的事权划分上的，从事权上来说，我国地方政府承担的具体事务明显比中央政府要多，所以保证地方政府有稳定的财源是十分重要的。因而我们可以适当下放部分地方税收的立法权，允许各地因地制宜，开征少量特色税种，加快地方税体系的建设。同时，通过横向和纵向的转移支付体系缓解地方财力紧张状况，均衡地方财力分配，保障地方政府收入的稳定，才能从根本上解决政府乱收费的问题。

第二节　约束企业避税行为的非正式制度建设措施

非正式制度对企业避税行为的约束力有时甚至会超过正式制度的约

束，这种对纳税人内在的约束力量无疑会增加企业避税行为的成本，使企业税收规避行为减少。非正式制度与正式制度不同点在于，它是通过历史、文化、道德等意识形态影响纳税人的行为，因而其对纳税人的影响、约束会相对缓慢一些，然而一旦形成这种约束，其力量是十分强大的。就目前而言，要完善我国的非正式制度约束，具体应该从如下几个方面入手。

一、建立社会诚信制度

（一）培养社会纳税诚信的观念

诚信纳税观是税收遵从的基础，它是影响企业避税行为的重要因素，是非正式制度约束的重要一环。正如前文所说，受到历史、文化等因素的影响，我国民众诚信纳税的意识淡薄，这也是我国税收规避行为很普遍的重要原因。但是诚信纳税的税收观受到意识形态的影响，不是一朝一夕就可以改变的，也不是仅靠税务部门就可以培养的，它需要多方努力，在全社会范围共建这种税收观，它的建设过程可能会较为缓慢，但是它却是我国构建企业避税行为非正式约束的必经之路。

目前我们主要应当做的就是重塑社会道德体系。契约是市场经济的前提，是市场交易的基础，因而西方发达国家的经济运行中非常重视契约，这是一种非强制性的约束。诚信纳税实际就是一种契约，它应当是我国社会道德体系的核心准则，是纳税人与政府、纳税人之间交易的基本准则。所以未来政府应当在全社会范围内树立诚信纳税的道德规范，多宣传诚信纳税光荣、失信违法可耻的典型案例，在中小学教育中就应加入诚信纳税的税收观教育，在这种健康的道德系统下，公众会对避税行为予以强烈的谴责，企业在做出避税行为选择的时候就会考虑其道德成本，从而对企业避税行为形成无形的约束。

（二）推进税收信用体系建设

公民的纳税诚信情况应当是其社会信用度的体现，未来我国应当建立起覆盖全国各个主体的信用评价体系，无论是个人或者企业都应建立社会信用档案，可以采用信用评分制度，将这个分数与企业的贷款、税收优惠、资格审定等事务挂钩；将这分数与个人的贷款、就业、买房等挂钩。由于企业或者个人的实际利益与社会信用评分紧密相关，使企业或者个人主动将信用评分作为自己各种行为的重要考量。诚信纳税应当是其社会信用评分的重要考核指标。避税行为会极大地减少其社会信用的评分，出于自身利益的考虑，企业在税收交易中会更倾向于按章纳税。通过这种内在的约束，能有效地减少税收的规避行为。

二、加强税收遵从教育

税收遵从度是影响企业避税行为的重要因素，通常税收遵从度高的国家，企业避税行为就会相对较少。纳税人的主动遵从是现代税收征管机制体现出来的特点，也是它区别于传统税收征管体制的重要特征。因此，建设现代税收治理的体系核心任务就是提升纳税人的税收遵从度。同时这也是构建企业避税行为非正式约束机制的重要部分。提高我国公民的纳税遵从度可以从以下几个方面入手：

（一）从纳税义务本位到税收权利本位

保护纳税人的权利，培养纳税人的权利意识是促进纳税人税收遵从度的重要手段，是形成良好的企业避税非正式约束环境的首要因素。目前，我国的法律体系中对纳税人的义务谈得很多，权利却涉及得很少，这种纳税义务的本位思想使政府的税权没有约束，纳税人的合法权益难以得到保障。所以，我国应尽快在宪法中加入纳税人权利保护的相关规定，以法律条文的形式明确纳税人的具体权利。

西方发达国家的纳税人的税收遵从度之所以很高，恰恰源于该国政府对纳税人权利强而有力的保护，很多国家专门制定了相关的法律去保护纳税人的权利，比如英国政府制定的《纳税人权利》法律，对纳税人权利的切实保护使得这些国家的纳税人的纳税权利观很强，他们真正把自己当成了税收活动的主体，税收遵从成为社会的共识。为了改变目前我国公民纳税遵从度不高的现状，我国可以在宪法税收征管法明确保护纳税人的条款之外，对纳税人权利设立专门的法律或法规予以保障，改变我国的税制理念，从纳税义务本位转变到税收权利本位。纳税人的权利得到保障后，会鼓励公民主动参与税收活动，从而实现政府、税务机关和社会公民的税收共治，使我国国民的税收遵从度整体上升，这又会带来企业避税成本的提高和税收利益的降低，自然也可以降低企业避税行为的比率。

（二）增强政府预算支出透明度，建立公民对税款使用的监督机制

税收是纳税人的收入向政府的让渡，纳税人监督税款使用的全过程无疑会增加公民的税收权利观，使公民对课税的意义更加了解，愿意主动接纳税收法律，从而增强纳税人的税收遵从度。因此，财税体制改革中，应当进一步增强政府预算支出透明度，建立公民对税款使用的监督机制。

（三）通过系统性的税法宣传，提到公民的纳税遵从度

1. 建立系统的纳税教育体系。对公民的纳税遵从的教育应当形成从小学到大学的完整体系，在每个年龄段进行不同深度的税法教育，使纳税观深入人心，从小就培养了公民的纳税意识。

2. 形成统一的纳税宣传系统。对于税法的宣传工作应当全国一盘棋，在宣传的目标、时间、内容以及组织上要统一安排，从而形成合力，扩大宣传的效果。

3. 运用税收理论宣传。这里所说的税收理论，主要是指公共产品理论。在纳税宣传上应该借鉴公共产品理论，让公民真正了解税收的意义，是为了满足社会的公共需要。以便让公民主动接纳税收法律，提高纳税的遵从度。

（四）以税收法治论引领现代税收治理

税收治理的核心是依法治税，这就要求政府在税法的制定、执行中严格遵守法律，限制政府的无限税权，尊重纳税的权利，从而共同营造依法纳税的良好税收遵从环境，提高公众的纳税遵从度，共同构建现代化的税收治理理念。

第三节 约束企业避税行为的制度实施机制建设措施

中美贸易战对中国实体经济带来了较大伤害，很多企业声称税收负担过重，导致生产经营困难，呼吁要求减轻税负，2019年中国政府又进行了大规模的减税①，可以预见国家财政将会面临着一定的困难，政府债务负担会不断加重，财政赤字随之加大，政府将面临财政的巨大压力。因此，未来中国政府在压缩公务开支以外，就是要进一步打击偷漏税行为，做到税收收入的应收尽收，从而保证财政的开支。一国的正式制度和非正式制度对企业避税的约束是否强大关键取决于税收的实施机制是否健全。完善税收的实施机制是约束企业税收规避行为的重要手段。

一、改变风险评估方式，建立健全税企风险共防机制

根据现代税收治理理论，想要减少企业避税行为，应从事后的处罚转变为事前风险的防范。税务机关应将转变过去单一的风险评估方式，建立起税收风险共防共治新机制。所谓税企风险共防主要是明晰征纳双方的权利和义务，让纳税人成为风险防范的主要责任人，要让企业主动去进行税收风险的防范，在企业内部建立起税收风险防范的内控体系，各级税务机关有义务帮助、辅导企业完成该体系的建设。该体系通过对企业交易、会计核算、纳税申报的各个环节进行风险防控，使纳税人的税收风险由事后防范改为事前防范，从而建立起企业避税行为的事前约束机制。

---

① 2019年《政府工作报告》提出2019年将实施更大规模的减税。普惠性减税与结构性减税并举，重点降低制造业和小微企业税收负担。深化增值税改革，将制造业等行业现行16%的税率降至13%，将交通运输业、建筑业等行业现行10%的税率降至9%，确保主要行业税负明显降低；保持6%一档的税率不变，但通过采取对生产、生活性服务业增加税收抵扣等配套措施，确保所有行业税负只减不增，继续向推进税率三档并两档、税制简化方向迈进。抓好年初出台的小微企业普惠性减税政策落实。

二、加强税收数据治理，实现信息管税

信息的不对称问题是导致企业避税行为的重要因素之一，只要这个问题得不到缓解，就很难降低避税案件的发生率。所以涉税信息的获取、整合是约束企业避税行为的基础。因而大力推进税收信息化，实现信息管税是必然的选择，这也是解决征纳税双方信息不对称的有效方法。

（一）加快大数据平台建设，构建强大的税收信息系统

逐步完善“金三”税收信息化建设，建成全国通用的新一代电子税务局，并全面推行电子发票，让纳税人办税更方便、快捷、高效。由国家税务总局统一建设省税务局大数据平台，并由各省税务局根据自身需要再扩展完善，建立各类数据应用主题库和数据集市，形成统一、规范的数据资源池，满足个性化、多样化的应用需求，为推进征管方式转变提供信息化支撑。

（二）实施数据管税

数据管税是税收治理现代化的基本要求，大数据背景下，传统的以票控税的管理模式已经跟不上信息化时代的需要，要应对数字经济的发展，税收的信息化是必然之路。在税收分析、管理中我们应当大量运用大数据、云计算等工具，实现数据管税的现代税收治理模式，不断提高税收治理效能。

（三）完善税收数据管理机制

要解决我国目前在税收征管中存在的信息不对称问题，建设全国统一的税收公共信息平台意义重大，该平台能够实现政府单位、金融机构、企业的涉税信息共享共用，通过这种信息的互联互通能够较好地保障税务机关获取信息的及时性和准确性，从而提高征收管理的效率，实现现代税收征管机制。

三、全面提升税务稽查威慑力

与发达国家相比，我国在税务稽查方面的刚性和威慑力不够，对避税

行为的处罚力度不够严厉，这也是我国企业避税行为增多的原因之一。所以全面提升税务稽查威慑力，是促使纳税人税收遵从度上升的重要手段。

（一）改革我国税务稽查机构的管理体制

要提高税务机关税务稽查的威慑力，就必须要减少政府、相关单位对其进行的干扰。按照我们原有税务稽查部门的机构设置，行政干扰很难避免，所以建议税务稽查机构的设置以我国的经济区域为主，破除省、市的行政区域限制，从而确保税务稽查的刚性。另外，可以考虑建立税务警察部队，保证稽查工作的威慑力。最后，可以通过大数据完善纳税评估系统，建立科学的计算机稽查选案系统，保障稽查工作的效率。

（二）加大税务稽查惩罚力度，充分体现税务稽查的威慑力

目前，我国的税收稽查对于企业避税的违法行为处理偏轻，没有起到足够的威慑作用。在兼顾税收征管水平的条件下，应加大税收稽查的广度，并对企业避税行为采取严管重罚的措施，持续加大税务惩罚的震慑力度。为约束企业避税行为提供实施机制的保障。

四、推进税收征管现代化

大数据背景下，电子商务的快速发展以及企业经营方式的转变使我国的税收来源发生了很大的变化，原有的税收征管模式效能较低，不能满足现代税收治理的需要，也无法对企业避税行为构成强有力的约束。因而需要构建现代征管体系以适应时代的需要。

（一）优化征管模式

税收征管机构的设置是否科学会直接影响税收征管的效率，为了应对数字化经济，征管机构的岗位设置、人力资源配置、管理流程都应该与其相适应，所以可以推进“管事制”“数据管税”的新征管模式。通过将税收的经验管理转变为税收的制度治理，最终在我国实现税收征管的现代化。

（二）优化、整合征管流程

税收征管的流程会影响最终税收征管的效果，纳税人与征管人员的合

谋往往都是征管流程的漏洞所导致的，因而科学的征管流程对于防止纳税人和税务人员的寻租行为意义重大，所以，可以改革征管信息系统，对税务人员整个税收工作记录予以保留，采用各部门交叉核对的方式确定记录的真实性，通过征管监督机制降低征纳税双方的合谋几率，使避税行为难以得逞。

五、不断优化纳税服务

建立纳税人服务的体系，优化税务机构的服务功能，该服务体系极大地提升了其纳税人的税收遵从度，减少了企业避税行为。目前，税收先进国家和许多发展中国家都已经拥有自己独具特色的纳税人服务体系。相较发达国家，我们的纳税服务质量还有待提升。

（一）简化办税流程

简化办税流程能减少纳税遵从的成本，有利于提高企业的纳税遵从度，在信息化时代，我们应该充分发挥电子网络平台办税功能，利用新兴支付方式，全面实现网络办税，简化不必要的资料提交，减少纳税人因为报税事项所带来的超额负担。

（二）提升税收服务能力，推进纳税服务社会化

以金税三期工程为基础在全国建立统一的办税平台，全面实现纳税服务的现代化。利用大数据和人工智能技术，实现纳税信息的集中处理和分享，从而降低纳税成本。以纳税人为导向，为纳税人提供个性化服务，全面满足纳税人涉税事宜的服务需求。

鼓励社会专业组织加入到税收活动中来，利用会计师、税务师、律师等专业人士为企业提供纳税服务，比如税务培训、咨询等活动，逐步推进纳税服务的社会化，发挥更多的社会组织、专业机构的作用，实现税收共治，推进税收治理的现代化。

六、推进社会协同治税

党的十九大将“加强和创新社会治理”作为治国方略。现代税收治理

是国家治理的一部分，就是将政府、社会和公民都作为税收活动的主体，发挥公民、社会组织的主观能动性，共同参与税收的治理，从而实现税收治理的现代化，也就是实现税收的共治。社会协同治税是税收共治的基础，我们通过构建协同治税体系，可以改变现有的税收征管实施机制，从而使纳税人的税收遵从度不断上升，有效减少企业避税的行为。

（一）构建税收共治体系

充分发挥政府牵头组织协调和制度规则保障等方面的优势，促进部门配合和社会协同。税务部门应积极主动担当，依法履责，大力拓展部门间合作的范围和领域，相关政府部门和社会组织要与税务部门密切合作，实现信息共享，管理互助，信用互认。公众应积极加入到税收治理体系中，成为税收治理的重要参与者。最终形成政府、公民、相关组织协同共治的体系。

（二）构建税收征管共治机制

想要实现税收治理的创新，必须要改变现有的税收征管实施机制。过去的税收征管机制是以税务机关单体作战，实现征收管理的任务。社会其他主体只是被动纳税。构建现代税收征管机制就是要以纳税人为中心，把税收征管活动由单项变为多项主体，通过沟通协商的机制鼓励纳税人、相关组织和税务机构合作共同治税，转变税务机关征收管理的功能为协同合作，下放税务审批权限，将其转变为后期监管，从而促使纳税人的遵从度不断上升，主动参与税收共治。

（三）建立协同治税的法律保障

要实现税收的共治，前提是要依法治税，保护纳税人的权利，建议对于税务机关、纳税人、相关单位的权利和责任要以法律条文的形式在《税法》《征管法》中予以明确。通过法制化、信息化建设，在协同治税的机制下，最终实现税收治理现代化的目标。

七、改进地方政府政绩考核机制

地方政府干涉税务部门对企业避税的税收稽查工作对避税行为有直接

的激励作用，不利于纳税人税收遵从度的提升。改变这一问题的核心是改进原有的地方政府政绩考核机制。要改变过去只考虑招商引资的数量，不顾质量的考核指导原则，将避税案件的发现率和处罚率纳入地方政府招商引资的考核中。减少地方政府干涉税务部门反避税工作的激励，对于避税案件的发现率和处罚率的检查应由上级税务部门或者上级审计部门负责。这样可以有效消除地方政府对税务部门反避税的干扰，从而降低企业避税的成功率，减少企业避税行为。

结　论

本书试图从制度经济学的角度去解释企业的避税行为，因而从正式制度、非正式制度、制度实施机制三个方面分析了造成我国高避税现象的原因，并希望通过借鉴税收发达国家的经验，找到适合我国国情的制度体系。通过对我国企业避税规模的测算，以及影响因素的分析，得到如下结论：

一、完善税收治理体系对约束企业避税行为有着重要意义

当前我们提出的税收治理与过去的税收管理是截然不同的，过去我们强调的税收管理其主要目的是为了保证税收收入的实现，单纯是站在国家利益的角度研究税收问题。而现代税收治理则强调共治这个概念，要实现共治，在运行机制上，不能像过去一样仅仅依靠政府自上而下的强制性推进各种税收法律、行政命令，各社会主体被动接受，而应该是一个上下互动的运行机制，税收活动不单是政府的事，社会主体都要参与到税法的制定、征纳税的监督等活动中来，政府与社会组织、公民上下联动，实现民众对国家财税政策的支持与认可，从而使公民主动遵守税收法律、制度，最终达到纳税人与国家利益的平衡。当公民的税收遵从度提升了，企业避税行为自然会相应减少，所以构建现代税收治理体系无疑对约束企业避税行为有着积极意义。

二、完善的正式制度是约束企业避税行为的核心保障

目前，我国税收治理能力相对较低，具体来说就是对纳税人的行为没

有形成有效约束，对于企业避税行为起到的是反向的激励作用。究其原因，这与我国正式制度的约束弱化有关。治理企业的避税行为的核心问题是税收的立法权，因而未来应从三个方面完善我国的正式制度，从而减少企业避税行为。

第一，提升立法层次及立法水平。首先，依法治国是实现国家治理现代化的前提条件，也是推进国家治理体系改革的重要保障。税收工作是国家治理的重要环节，依法治税是依法治国的具体体现，也是实现税收治理现代化的基础。要在税收工作中体现法制化、现代化，关键在于是否能落实税收的法定原则。税收法定原则是保证税收法律的刚性、维护税法权威的前提，只有该原则能真正落实，税收法律才能更好的体现公平、正义，从而得到社会民众的支持，促进全民税收遵从度的提高。最终形成对企业避税行为约束的制度基础。在落实税收法定原则的基础上，我国应尽快出台税收基本法，把宪法和单行税法连接起来，作为统帅各单行税收法规的母法。在税收基本法的基础上，建立科学、稳定的税法体系，提高税法的系统性、协调性和开放性。同时完善税收立法程序。规范的立法程序应当是从提案到最终的表决环节都有社会公众的参与，不仅要广泛征求民意，还要聘请法律顾问、设立税收立法咨询专家库，减少行政官员的干扰，经过人大的充分讨论，最终表决通过。通过建立这种对公众意见的吸纳和反馈机制，提高税收立法民主化的程度。只有这样制定的税收法律才能真正得到民众的认可，从而减少纳税人避税行为的动机。

第二，深化税制改革，建立现代税收制度。简化税制是建立创新型税收制度的前提和基础。一国的税收征管体系的效率往往是由税收制度的复杂程度所决定的，因为税收制度越复杂，纳税人的税收遵从成本就会越高，相应的纳税遵从度就会较低。所以，针对我国目前税收遵从度较低这个问题，简化税收制度是十分必要的。因而，未来的改革方向应当是通过简化税制降低征纳税双方的成本，促进公民税收遵从度的上升，进而减少企业避税行为。另外，在简化税制的基础上，还要推进《税收征管法》的修订工作，通过建立灵敏的避税交易发现机制、反馈机制和准确的定性管理机制，降低税务机关获取避税信息成本，从而有效地约束企业避税行为。

第三，完善中央地方立法关系，规范政府收费。

高的税费负担，必然会增加企业避税的动机，因此，切实降低企业税费负担在一定程度上可以降低企业避税的动机。根治乱收费问题的关键在于地方政府自给能力的提高。中央、地方的财权划分，应当是建立在科学的事权划分上的，从事权上来说，我国地方政府承担的具体事务明显比中央政府要多，所以保证地方政府有稳定的财源是十分重要的。因此我们可以适当下放部分地方税收的立法权，允许各地因地制宜，开征少量特色税种，加快地方税体系的建设。同时，通过横向和纵向的转移支付体系缓解地方财力紧张状况，均衡地方财力分配，保障地方政府收入的稳定，才能从根本上解决政府乱收费的问题。

三、改进非正式制度可以对企业避税行为产生内在抑制

非正式制度对企业避税行为的约束力有时甚至会超过正式制度的约束，这种对纳税人内在的约束力量无疑会增加企业避税行为的成本，使企业税收规避行为减少。非正式制度与正式制度的不同点在于，非正式制度是通过历史、文化、道德等意识形态影响纳税人的行为，因而其对纳税人的影响、约束会相对缓慢一些，然而一旦形成这种约束，其力量是十分强大的。具体应该从如下两个方面入手：

第一，建立社会诚信制度。

诚信纳税观是税收遵从的基础，它是影响企业避税行为的重要因素，是非正式制度约束的重要一环。正如前文所说，受到历史、文化等因素的影响，我国民众诚信纳税的意识淡薄，这也是我国税收规避行为很普遍的重要原因。但是诚信纳税的税收观受到意识形态的影响，不是一朝一夕就可以改变的，也不是仅靠税务部门就可以培养的，它需要多方努力，在全社会范围共建这种税收观，它的建设过程可能会较为缓慢，但是它却是我国构建企业避税行为非正式约束的必经之路。

第二，加强税收遵从教育。税收遵从度是影响企业避（逃）税行为的重要因素，通常税收遵从度高的国家，企业避（逃）税行为就会相对较少。纳税人的主动遵从是现代税收征管机制体现出来的特点，也是它区别于传统税收征管体制的重要不同。因此，建设现代税收治理的体系核心任务就是提升纳税人的税收遵从度。同时，这也是构建企业避税行为非正式约束机制的重要部分。

四、强化制度实施机制是约束企业避税行为基础工作

强化制度实施机制，建立和健全现代税收征管机制是治理企业避税行为的基础工作。要强化我国的制度实施机制，可以主要从七个方面着手：

第一，改变风险评估方式，建立健全税企风险共防机制。想要减少企业避税行为，应从事后的处罚转变为事前风险的防范。税务机关应当转变过去单一的风险评估方式，建立起税收风险共防共治新机制。该体系通过对企业交易、会计核算、纳税申报的各个环节进行风险防控，使纳税人的税收风险由事后防范改为事前防范，从而建立起企业避税行为的事前约束机制。

第二，加强税收数据治理，实现信息管税。信息的不对称问题是导致企业避税行为的重要因素之一，只要这个问题得不到缓解，就很难降低避税案件的发生率。因此，大力推进税收信息化，实现信息管税是必然的选择。可以由国家税务总局统一建设省税务局大数据平台，建成全国通用的新一代电子税务局，建立各类数据应用主题库和数据集市，形成统一、规范的数据资源池，满足个性化、多样化的应用需求，为推进征管方式转变提供信息化支撑。实现“数据管税”，不断提高税收治理效能。加快推进税收协同共治信息平台建设，打破“信息孤岛”，促进涉税信息共享共用，提升税收数据管理能力。

第三，全面提升税务稽查威慑力。建议税务稽查机构的设置以我国的经济区域为主，破除省、市的行政区域限制，从而确保税务稽查的刚性。另外，可以考虑建立税务警察部队，保证稽查工作的威慑力。还可以通过

大数据完善纳税评估系统，建立科学的计算机稽查选案系统，保障稽查工作的效率。同时，对企业避税行为采取严管重罚的措施，持续加大税务惩罚的震慑力度，为约束企业避税行为提供实施机制的保障。

第四，推进税收征管现代化。税收征管机构的设置是否科学会直接影响税收征管的效率，为了应对数字化经济，征管机构的岗位设置、人力资源配置、管理流程都应该与其相适应，所以可以推进“管事制”“数据管税”的新征管模式。通过将税收的经验管理转变为税收的制度治理，最终在我国实现税收征管的现代化。

第五，不断优化纳税服务。简化办税流程能减少纳税遵从的成本，有利于提高企业的纳税遵从度，在信息化时代，我们应该充分发挥电子网络平台办税功能，利用新兴支付方式，全面实现网络办税，简化不必要的资料提交，减少纳税人因为报税事项所带来的超额负担。利用大数据和人工智能技术，实现纳税信息的集中处理和分享，从而降低纳税成本。以纳税人为导向，为纳税人提供个性化服务，全面满足纳税人涉税事宜的服务需求。

第六，推进社会协同治税。加强和创新税收治理就是构建共建、共治、共享税收治理的新格局，实现社会的协同治税，为此应充分发挥政府牵头组织协调和制度规则保障等方面的优势，鼓励全社会相关主体的参与，改变现有的税收征管实施机制，从而使纳税人的税收遵从度不断上升，有效减少企业避税的行为。要实现税收的共治，前提是要依法治税，保护纳税人的权利，建议对于税务机关、纳税人、相关单位的权利和责任要以法律条文的形式在《税法》《征管法》中予以明确。通过法制化、信息化建设，在协同治税的机制下，最终实现税收治理现代化的目标。

第七，改进地方政府政绩考核机制。地方政府干涉税务部门对企业避税的税收稽查工作对避税行为有直接的激励作用，不利于纳税人税收遵从度的提升。改变这一问题的核心是改进原有的地方政府政绩考核机制。要改变过去只考虑招商引资的数量，不顾质量的考核指导原则，将避税案件的发现率和处罚率纳入地方政府招商引资的考核中。减少地方政府干涉税务部门反避税的激励，对于避税案件的发现率和处罚率的检查应由上级税务部门或者上级审计部门负责。这样可以有效消除地方政府对税务部门反避税的干扰，从而降低企业避税成功率，减少企业避税行为。

参考文献

［1］安体富，王海勇．我国税源管理问题研究：理论范畴与政策分析［J］．杭州师范大学学报（社会科学版），2004（2）：79－85.

［2］北野弘久著，陈刚等译．税法学原论［M］．北京：中国检察出版社，2001.

［3］曹书军，刘星，张婉君．财政分权、地方政府竞争与上市公司实际税负［J］．世界经济，2009（04）：71－85.

［4］曹书军，张婉君．企业实际所得税率影响因素及其稳定性研究——来自我国A股上市公司的经验证据［J］．财经论丛，2008（06）：30－36.

［5］曾亚敏，张俊生．税收征管能够发挥公司治理功用吗？［J］．管理世界，2009（03）：143－151.

［6］陈捷．国际避税的危害及我国反避税［J］．税务研究，2005（11）：65－67.

［7］陈骏，徐玉德．内部控制与企业避税行为［J］．审计研究，2015（03）：100－107.

［8］陈清秀．税法之一般原理［M］．台湾：三民书局，1997.

［9］陈少英，谢徽．避税行为非法性质疑、现代财经［J］．天津财经学院学报，2006（10）：47－50.

［10］程燕芸．新企业所得税法下的税务筹划［J］．时代经贸，2008（06）：148－149.

［11］崔晓静．金融危机后国际避税地法律监管的新发展［J］．税务

研究，2011 (05)：92 - 95.

[12] 道格拉斯·诺思著，厉以平译．经济史上的结构和变革 [M]．北京：商务印书馆，1999.

[13] 邓子基，财政学 [Z]．北京：中国人民大学出版社，2001.

[14] 邓子基，邓力平．税收中性、税收调控与产业政策 [J]．财政研究，1995 (09)：32 - 35，41.

[15] 董文毅．论提高国民纳税意识 [J]．时代经贸，2006 (04)：113 - 114.

[16] 邓博夫，刘佳伟，吉利．政府补助是否会影响企业避税行为？[J]．财经研究，2019 (01)：109 - 121.

[17] 范子英，田彬彬．税收竞争、税收执法与企业避税 [J]．经济研究，2013 (09)：99 - 111.

[18] 盖地．税务会计与纳税筹划 [M]．大连：东北财经大学出版社，2000.

[19] 高培勇．中国税收持续高速增长之谜 [J]．经济研究，2006 (12)：13 - 23.

[20] 国家税务总局税收科学研究所，偷税与避税 [Z]．北京：中国财政经济出版社，1992.

[21] 国家税务总局税收科学研究所．中国税务辞典 [Z]．北京：中国税务出版社，2000.

[22] 荷兰国际财政文献局 (IBFD)．国际税收词汇 [M]．北京：中国税务出版社，2016.

[23] 赫伯特·A. 西蒙著，詹正茂译．管理行为 [M]．北京：机械工业出版社，2007.

[24] 侯梦蟾．税收经济学导论 [M]．北京：中国财政经济出版社，1990.

[25] 湖北省地方税务局课题组，许建国．对我国结构性减税政策的效果分析 [J]．国际税收，2014 (03)：49 - 52.

［26］黄丹．WTO 争端解决机构对 GATS 具体承诺表的解释方法及其新发展［D］．厦门大学，2014.

［27］黄黎明．跨国公司税收筹划问题研究［D］．厦门大学，2004.

［28］黄少安．产权起源探索［J］．经济学家，1995，3（3）：83－93.

［29］贾绍华．中国税收流失问题研究［M］．北京：北京中国财政经济出版社，2002.

［30］江小涓．产业政策实际效果的初步评价［J］．社会科学辑刊，1996（01）：55－59.

［31］江轩宇．税收征管、税收激进与股价崩盘风险［J］．南开管理评论，2013，16（05）：152－160.

［32］焦桂奇．税制、税制变迁与税收遵从［D］．东北财经大学，2006.

［33］焦耘．税制变迁过程分析［J］．税务与经济，2009（4）：56－61.

［34］金子宏著，刘多田等译．日本税法原理［M］．北京：中国财政经济出版社，1989.

［35］康芒斯著，于树生译．制度经济学［M］．北京：商务印书馆，1997.

［36］柯武刚，史漫飞．制度经济学：社会秩序与公共政策［M］．商务印书馆，2000.

［37］雷新途．集团公司结构型避税的财务政策分析［J］．时代财会，2003（09）：25－27.

［38］李俊英．企业税务筹划与偷税、避税［J］．内蒙古财经学院学报，2001（02）：46－50.

［39］联合国秘书处国际经济社会事务部．发达国家与发展中国家之间谈判双边税收条约手册［Z］．纽约，1979：22. 转引自：刘剑文主编．国际税法［M］．北京：北京大学出版社，1999：105.

[40] 刘晨，阳田华．避税港型离岸金融中心对我国跨境资本流动的影响及监管建议 [J]．财政研究，2011 (09)：38 - 41.

[41] 刘芳，陈平路．逃税行为及影响因素的理论分析 [J]．武汉理工大学学报，2004，28 (01)：84 - 87.

[42] 刘行，叶康涛，企业的避税活动会影响投资效率吗？[J]．会计研究，2013 (6)：47 - 53，96.

[43] 刘行，叶康涛．金融发展、产权与企业税负 [J]．管理世界，2014 (03)：41 - 52.

[44] 刘华，涂敏杰，丁光宗．基于现金交易的双元控制主体企业增值税逃税研究 [J]．税务研究，2008 (07)：69 - 71.

[45] 刘华，张天敏，徐建斌．高管个人特征与公司税负 [J]．税务与经济，2012 (04)：58 - 64.

[46] 刘慧龙，吴联生．制度环境、所有权性质与企业实际税率 [J]．管理世界，2014 (04)：42 - 52.

[47] 刘剑文，丁一．避税之法理新探（上） [J]．涉外税务，2003 (08)：8 - 12.

[48] 刘剑文，丁一．避税之法理新探（下） [J]．涉外税务，2003 (09)：21 - 25.

[49] 刘剑文．税收法治：构建法治社会的突破口 [J]．法学杂志，2003，24 (3)：17 - 18.

[50] 刘晓亮，刘晓莺．论关联企业避税的法律规制 [J]．集团经济研究，2006 (02)：42 - 44.

[51] 刘怡，梁俊桥，刘春．个人税务与遗产筹划 [M]．北京：中信出版社，2004.

[52] 刘树海．货币政策冲击、存货持有行为与企业避税强度——基于融资约束视角的经验证据 [J]．税务研究，2019 (01)：86 - 93.

[53] 罗光，萧艳汾．考虑税收遵从成本的逃税模型研究 [J]．税务研究，2007 (01)：82 - 84.

[54] 罗银鹤．纳税筹划与偷税、避税的辨析 [J]．广西民族学院学报，2005 (12)：152－154.

[55] 吕伟，张纯，周乐燕．企业社会责任、风险管理策略与避税行为 [J]．上海大学学报（社会科学版），2015，32 (05)：97－107.

[56] 迈克尔·J·博斯金．美国税制改革前沿 [M]．北京：经济科学出版社，1997.

[57] 潘越，王宇光，戴亦一．税收征管、政企关系与上市公司债务融资 [J]．中国工业经济，2013 (8)：111－123.

[58] 彭姝羽，浅谈企业股权激励与避税关系 [J]．中国商论，2017 (3)：108－109.

[59] 青木昌彦著，周黎安译．比较制度分析 [M]．上海远东出版社，2001.

[60] 任明川，敖曼．毕马威"恶性避税"及其分析 [J]．中国注册会计师，2006 (1)：74－77.

[61] 沈肇章．基于企业避税行为分析的反避税策略研究 [D]．暨南大学，2008.

[62] 苏号朋．纳税篇 [M]．北京：中国经济出版社，2001.

[63] 孙刚．家族企业、税收稽查治理与企业避税行为 [J]．税务与经济，2012 (3)：67－75.

[64] 谭伟．中国企业避税治理问题研究 [D]．厦门大学，2008.

[65] 王贵东．论避税的合法性 [J]．商场现代化，2007 (12)：298.

[66] 王亮亮．金融危机冲击、融资约束与公司避税 [J]．南开管理评论，2016，19 (01)：155－168.

[67] 王素荣，蒋高乐．新会计准则对上市公司所得税税负影响研究 [J]．中国工业经济，2009 (12)：117－127.

[68] 王跃堂，王亮亮，贡彩萍．所得税改革、盈余管理及其经济后果 [J]．经济研究，2009 (03)：86－98.

[69] 吴联生，李辰．"先征后返"、公司税负与税收政策的有效性

[J]. 中国社会科学，2007（04）：61－73.

[70] 吴联生. 国有股权、税收优惠与公司税负 [J]. 经济研究，2009（10）：109－120.

[71] 吴申军. 论我国转让定价税制的改革完善 [D]. 厦门大学，2004.

[72] 吴文锋，吴冲锋，芮萌. 中国上市公司高管的政府背景与税收优惠 [J]. 管理世界，2009（03）：134－142.

[73] 谢建，唐国平，项雨柔. 管理层能力、产权性质与企业避税 [J]. 江西财经大学学报，2016（02）：43－59.

[74] 许建国，蔡红英，张楠. 财政收支状况与居民税负感受 [J]. 税务研究，2012（07）：30－33.

[75] 许建国，蒋晓蕙，蔡红英. 西方税收思想 [M]. 北京：中国财政经济出版社，2017.

[76] 许建国，李波. 改革开放30年来税收理论发展的历程 [J]. 税务研究，2008（10）：11－15.

[77] 许建国，李波. 中西部经济发展中的财政转移支付制度构建问题 [J]. 财贸经济，2002（02）：46－49.

[78] 许建国，林颖. 中国税制 [Z]. 北京：高等教育出版社，2012.

[79] 许建国，刘源. 关于宏观税负问题研究的文献述评 [J]. 财贸经济，2009（01）：131－135.

[80] 许建国. 发展经济学中的税收政策思路（下）[J]. 涉外税务，1997（02）：15－17.

[81] 许建国. 辉煌与思考——对我国税收理论发展50年的简要回顾 [J]. 税务研究，2000（01）：4－11.

[82] 许建国. 税收公平问题的理论渊源与现实思考 [J]. 税务研究，2017（05）：12－17.

[83] 许建国. 我国“十五”时期税制改革的一种思路 [J]. 当代财经，2000（01）：28－32.

[84] 许建国. 我国“十五”税制改革的背景和目标 [J]. 涉外税务，

2000 (01): 17 -22.

[85] 许建国. 我国的税收弹性与税收增长 [J]. 税务研究, 1997 (02): 15 -19.

[86] 许建国. 我国税收理论发展50年 [J]. 湖北经济学院学报, 2003 (01): 5 -10.

[87] 许建国. 中国"十五"税制改革构想 [J]. 湖北财税, 2001 (04): 2 -5.

[88] 许建国. 中国税法原理 [M]. 武汉: 武汉大学出版社, 1995.

[89] 许建国主编, 中国个人所得税改革研究 [M]. 北京: 中国财政经济出版社, 2016.

[90] 许毅, 沈经农主编. 经济大辞典财政卷 [M]. 上海: 上海辞书出版社, 1987.

[91] 薛菁. 企业税收遵从成本: 理论与实证 [M]. 北京: 经济科学出版社, 2011.

[92] 严振生. 税法 [M]. 北京: 中国政法大学出版社, 1996.

[93] 颜淑姬. 地方税收竞争、税收征管与家族企业避税研究 [J]. 财经问题研究, 2016 (11): 74 -81.

[94] 杨海燕, 庄序莹. 在华外资企业逃避税规模及特征——基于地上经济和地下经济的宏观数据 [J]. 财贸经济, 2014, 35 (10): 41 -49.

[95] 杨默如. 偷税、避税与税务筹划——概念界定的国际借鉴及法律建议 [J]. 经济视角, 2010 (07): 56 ~58.

[96] 杨之刚. 多视角看待中国当前的宏观税负水平 [J]. 税务研究, 2003 (04): 1 -7.

[97] 叶康涛, 刘行. 税收征管、所得税成本与盈余管理 [J]. 管理世界, 2011 (05): 140 -148.

[98] 尤克洋. 小规模增值税的税收筹划及实务研究 [J]. 会计之友, 2006 (07): 31 -32.

[99] 于文超, 李树, 袁燕. 官员更替、产权性质与企业避税 [J].

浙江社会科学，2015（08）：14－25，156.

［100］余萍．拉弗曲线、最优税负及美国减税的启示——基于新世纪全球面板数据［J］．经济问题探索，2018（11）：163－170.

［101］余萍．随机数据缺失条件下避税行为的逆威布尔渐近估计［J］．统计与决策，2018，34（09）：177－180.

［102］詹姆斯等著．晓林等译．税收经济学［M］．北京：中国财经出版社，1988.

［103］张德勇．逃税规模的衡量［J］．中央财经大学学报，2004（1）：8－12.

［104］张宏林．税务筹划与避税分析［J］．经济师，2001（07）：114－115.

［105］张建松．国内避税问题浅探［J］．征信，1999（3）：30－32.

［106］张守文．税收权利的性质及其法律保护［J］．法商研究，2001（6）：72－79.

［107］赵德芳．对资本弱化避税案例的思考［J］．税务研究，2010（01）：72－75.

［108］郑宝凤．新制度经济学下的税制变迁和税收遵从的相关性研究［J］．开发研究，2011（5）：124－128.

［109］郑玉波．民商法问题研究［M］．台北：三民书局，1980.

［110］周虹，谢波峰，谷昱璇．从发达国家税收征管经验看我国税收征管机制的改革［J］．税务研究，2006（06）：68－71.

［111］朱青，王小荣，孙茂竹．企业所得税反避税：意义、措施与任务［J］．涉外税务，2008，（09）：14－18.

［112］转引自：付子堂．对利益问题的法律解释［J］．法学家，2001，1（02）：29－35.

［113］曾爱民，魏志华，李先琦．女性高管对企业税收激进行为的影响［J］．财经科学，2019（8）：110－122.

［114］张宸，张文娟，吕英．利益相关者视角下企业社会责任对避税

行为的影响研究 [J]. 科技促进发展, 2019 (04): 393 - 399.

[115] Acemoglu D., James R., Institutions as the Fundamental Cause of Long - Run Growth, NBER Working Paper. 2004.

[116] Allingham M., Sandmo A., Income Tax Evasion: A Theoretical Analysis [J]. Journal of Public Economics, 1972, 1 (3 - 4): 323 - 338.

[117] Armstrong G., Harker M., Kotler P., et al. Marketing: An Introduction 1e [European Edition] [M]. 2009.

[118] Armstrong, C., J. Blouin, A. Jagolinzer, and D. Larcker. Corporate Governance, Incentives, and Tax Avoidance [J]. Journal of Accounting and Economics, 2015 (60): 1 - 17.

[119] Bamber L., Jiang J., Wang I., What's My Style? The Influence of Top Managers and Their Personal Backgrounds on Voluntary Corporate Financial Disclosure. Working paper, University of Georgia, 2009.

[120] Bebchuk L. A., Fried J. M., Executive Compensation as an Agency Problem [J]. Journal of Economic Perspectives, 2003, 17 (3): 71 - 92.

[121] Beng Wee, Goh Jimmy, Lee CheeYeow Lim. The Effect of Corporate Tax Avoidance on the Cost of Equity [J]. Thc Accounting Review, 2009, 91 (6): 1647 - 1670.

[122] Bennedsen M., Perez - Gonzalez F., Wolfson D., Do CEOs Matter. Working paper, University of Texas at Austin, 2008.

[123] Bertrand M., Schoar A., Managing with Style: The Effect of Managers on Firm Policies [J]. The Quarterly Journal of Economics, 2003, 68 (4): 1169 - 1208.

[124] Bester H., The Level of Investment in Credit Markets with Imperfect Information [J]. Zeitschrift für die gesamte Staatswissenschaft / Journal of Institutional and Theoretical Economics, 1985, 141 (4): 503 - 515.

[125] Cagan P., The Demand for Currency Relative to the Total Money Supply [J]. Journal of Political Economy, 1958, 66: 303 - 328.

[126] Cai H. , Liu Q. , Competition and Corporate Tax Avoidance: Evidence from Chinese industrial firms [J]. The Economic Journal, 2009, 119 (534): 764 -795.

[127] Chatterjee A. , Hambrick D. , It's All about Me: Narcissistic CEOs and Their Effects on Company Strategy and Performance [J]. Administrative Science Quarterly, 2007, 52 (3): 351 -386.

[128] Chen K. - P. , Chu C. , Internal Control vs. External Manipulation: A Model of Corporate Income Tax Evasion [J]. RAND Journal of Economics, 2005, 36 (1): 151 -164.

[129] Chen S. , Chen X. , Cheng Q. et al. , Are Family Firms More Tax Aggressive Than Non - family Firms? [J]. Journal of Financial Economics, 2010, 95 (1): 41 -61.

[130] Cheng Q. , Warfield T. , Stock - based Compensation, Insider Trading and Earnings Management. Working Paper, University of Wisconsin, 2002.

[131] Clotfelter C. T. , Tax evasion and tax rates: an analysis of individual returns [J]. Review of Economics and Statistics 1983, 65: 363 -373.

[132] Coase R. H. , The Nature of the Firm [J]. Economica. 1937, 4: 386 -405.

[133] Committee of Sponsoring Organizations of the Treadway Commission. Internal Control—Integrated Framework. Guidance on Monitoring Internal Control Systems. New York, NY: COSO. 2009.

[134] Committee of Sponsoring Organizations of the Treadway Commission. Internal Control—Integrated Framework. The Framework. New York, NY: COSO. 1992.

[135] Crane S. E. , Nourzad F. , Inflation and Tax Evasion: An Empirical Analysis [J]. The Review of Economics and Statistics, 1986, 68 (2): 217 -223.

[136] Crocker K. , Slemrod J. , Corporate Tax Evasion with Agency Costs [J]. Journal of Public Economics, 2005, 89 (9 - 10): 1593 - 1610.

[137] De Simone L. , Stomberg B. , Do Investors Differentially Value Tax Avoidance by Income Mobile Firms? Working paper, The University of Texas at Austin. 2013.

[138] Dechow P. M. , Sloan R. , Sweeney A. , Causes and Consequences of Earnings Manipulation: An Analysis of Firms Subject to Enforcement Actions by the SEC [J]. Contemporary Accounting Research, 1996, 3 (1): 1 - 36.

[139] Desai M. A. , Dharmapala D. Tax and Corporate Governance: An Economic Approach. MPI Studies on Intellectual Property [J]. Competition and Tax Law, 2008, 3: 13 - 30.

[140] Desai M. A. , Dharmapala D. , Corporate Tax Avoidance and High - powered Incentives [J]. Journal of Financial Economics, 2006, 79 (1): 145 - 179.

[141] Desai M. , Dharmapala D. , Corporate Tax Avoidance and Firm Value [J]. Review of Economics and Statistics, 2009, 91 (3): 537 - 546.

[142] Desai M. , Dharmapala D. , Fung W. , Taxation and the Evolution of Aggregate Corporate Ownership Concentration. In: Auerbach, A. , Hines, J. , Slemrod, J. (Eds.). Taxing Corporate Income in the 21st Century. New York: Cambridge University Press, 2007a. 345 - 383.

[143] Desai M. , Dyck I. , Zingales L. , Theft and Taxes [J]. Journal of Financial Economics, 2007b, 84 (3): 591 - 623.

[144] Desai M. , The Divergence between Book Income and Tax Income. In: Poterba, J. (Ed.). Tax Policy and the Economy, 17. Cambridge: MIT Press, 2003. 169 - 206.

[145] Diamond D. , Reputation Acquisition in Debt Markets [J]. Journal of Political Economy, 1989, 97: 825 - 862.

[146] Dyreng S. , Hanlon M. , Maydew E. , Long Run Corporate Tax Avoidance [J]. The Accounting Review 2008, 83: 61 -82.

[147] Dyreng S. , Hanlon M. , Maydew E. , The Effects of Executives on Corporate Tax Avoidance [J]. The Accounting Review, 2010, 85 (4): 1163 - 1189.

[148] Edwards A. , Schwab C. , Shevlin T. , Financial Constraints and Cash Tax Savings [J]. The Accounting Review 2016, 91 (3): 859 - 881.

[149] Erickson M. G. , Moon D. L. , Yue D. T. , DsRed as a Potential FRET Partner with CFP and GFP [J]. Biophysical Journal, 2003, 85 (1): 599 -611.

[150] Frank M. , Lynch L. , Rego S. , Tax Reporting Aggressiveness and its Relation to Aggressive Financial Reporting [J]. The Accounting Review, 2009, 84 (2): 467 -496.

[151] Frischmann P. , Shevlin T. , Wilson R. , Economic Consequences of Increasing the Conformity in Accounting for Uncertain Tax Benefits [J]. Journal of Accounting and Economics, 2008, 46 (2 -3): 261 -278.

[152] Gao P. , Ronald S. , Earnings Management and Executive Compensation: A Case of Overdose of Option and Underdose of Salary? Working paper, Northwestern University and University of Tennessee at Knoxville, 2002.

[153] Ge W. , Matsumoto D. Zhang J. , Do CFOs Have Styles of Their Own? An Empirical Investigation of the Effect of Individual CFOs on Financial Reporting Practices [J]. Contemporary Accounting Research, 2011, 28 (4): 1141 -1179.

[154] Graham J. , Tucker A. , Tax Shelters and Corporate Debt Policy [J]. Journal of Financial Economics, 2006, 81 (3): 563 -594.

[155] Graham J. R. , Taxes and Corporate Finance: a Review [J]. Review of Financial Studies, 2003, 16 (4): 1074 -1128.

[156] Guedhami O. , Pittman J. A. , The Importance of IRS Monitoring to

Debt Pricing in Private Firms [J]. Journal of Financial Economics, 2008. 90 (1): 38 -58.

[157] Gupta S., Newberry K., Determinants of the Variability in Corporate Effective Tax Rates: Evidence from Longitudinal Study [J]. Journal of Accounting and Public Policy, 1997, 16 (1): 1 -34.

[158] Gupta S., Swenson C. W., Rent Seeking by Agents of the Firm [J]. Social Science Electronic Publishing, 2003, 46 (1): 253 -268.

[159] Hall Brian J., Murphy Kevin J., The Trouble with Stock Options [J]. Journal of Economic Perspectives, 2003, 17 (3): 49 -70.

[160] Hanlon M., Heitzman S., A Review of Tax Research [J]. Journal of Accounting and Economics, 2010, 50 (2 -3): 127 -178.

[161] Hanlon M., Mills L., Slemrod J., An Empirical Examination of Corporate Tax Noncompliance. In: Auerbach, A., Hines, J., Slemrod, J. (Eds.), Taxing Corporate Income in the 21st Century. New York: Cambridge University Press, 2007. 171 -210.

[162] Hanlon M., Shevlin T., Book - tax Conformity for Corporate Income: an Introduction to the Issues. Tax Policy and the Economy Volume 19. Cambridge: National Bureau of Economic Research, 2005. 101 -134.

[163] Hanlon M., Slemrod J., What Does Tax Aggressiveness Signal? Evidence from stock price reactions to news about tax shelter involvement [J]. Journal of Public Economics, 2009, 93 (1 -2): 126 -141.

[164] Hanlon M., The Persistence and Pricing of Earnings, Accruals, and Cash Flows When Firms Have Large Book - tax Differences [J]. The Accounting Review, 2005, 80 (1): 137 -166.

[165] Hanlon M., What Can We Infer about a Firm's Taxable Income from its Financial Statements? [J]. National Tax Journal, 2003, 56 (4): 831 -863.

[166] Hayes R., Schaefer S., How Much Are Differences in Managerial

Ability Worth? [J]. Journal of Accounting and Economics, 1999, 27 (2): 125 - 148.

[167] Hellmann T., Stiglitz J., Credit and Equity Rationing in Markets with Adverse Selection [J]. European Economic Review, 2000, 44 (2): 281 - 304.

[168] Hunton J., Hoitash R., Thibodeau J., The Relationship between Perceived Tone at the Top and Earnings Quality [J]. Contemporary Accounting Research, 2011, 28 (4): 1190 - 1224.

[169] Jaffee M., Russell T., Imperfect Information, Uncertainty, and Credit Rationing Dwight [J]. The Quarterly Journal of Economics. 1976, 90 (4): 651 - 666.

[170] Jill M. D' Aquila., Is the Control Environment Related to Financial Reporting Decisions? [J] Managerial Auditing Journal, 1998, 13 (8): 472 - 478.

[171] Johnson W. B., Magee R. P., Nagarajan N. J., et al. An Analysis of the Stock Price Reaction to Sudden Executive Deaths: Implications for the Managerial Labor Market [J]. Journal of Accounting & Economics, 1985, 7 (1 - 3): 0 - 174.

[172] Kahneman D., Tversky A., Prospect Theory: An Analysis of Decision under Risk [J]. Econometrica, 1979, 47: 263 - 291.

[173] Kiuejnr E M. The Location of Travel in Economic Activity of inflation [M]. New York: Mc Graw - Hill, 2010.

[174] Klepper S., Nagin D., Tax Compliance and Perceptions of the Risks of Detection and Criminal Prosecution [J]. Law and Society Review 1989, 23: 209 - 240.

[175] Kreutzer D., Lee D. R., On Taxation and Understated Monopoly Profits [J]. National Tax Journal, 1986, 39 (2): 241 - 243.

[176] Kubick T. R., Masli A. N. S., Firm - level Tournament Incentives

and Corporate Tax Aggressiveness [J]. Journal of Accounting and Public Policy, 2016, 35 (1): 66 -83.

[177] Law K. K. F., Mills L. F., Taxes and Financial Constraints: Evidence from Linguistic Cues [J]. Journal of Accounting Research, 2015, 53 (4): 777 -819.

[178] Lev B., Nissim D., Taxable Income, Future Earnings, and Equity Values [J]. The Accounting Review, 2004, 79 (4): 1039 -1074.

[179] Lisowsky P., Robinson L., Schmidt A., An Examination of FIN 48: Tax Shelters, Auditor Independence, and Corporate Governance. Working Paper, 2010, University of Illinois.

[180] Liu C., Yermack D., Where are the Shareholders' Mansions? CEOs Home Purchases, Stock Sales, and Subsequent Company Performance. Working paper, Arizona State University and New York University. 2007.

[181] Malmendier U., Tate G., Superstar CEO's [J]. Quarterly Journal of Economics, 2009, 124 (4): 1593 -1638.

[182] Manzon G., Plesko G., The Relation Between Financial and Tax Reporting Measures of Income [J]. Tax Law Review, 2002, 55 (2): 175 - 214.

[183] Marelli M., On Indirect Tax Evasion [J]. Journal of Public Economics, 1984, 25 (1 -2): 181 -196.

[184] McGill G., Outslay E., Lost in Translation: Detecting Tax Shelter Activity in Financial Statements [J]. National Tax Journal, 2004, 57 (3): 739 -756.

[185] Mehran H., Executive Compensation Structure, Ownership, and Firm Performance [J]. Journal of Financial Economics, 1995, 38 (2): 163 -184.

[186] Ménard C., Shirley M. M. The Handbook of New Institutional Economics [M]. Springer, Dordrecht, The Netherlands. 2005.

[187] Mills L., Book - tax Differences and Internal Revenue Service Adjustments [J]. Journal of Accounting Research, 1998, 36 (2): 343 - 356.

[188] Mills L., Newberry K., Trautman W. Trends in Book - tax Income and Balance Sheet Differences [J]. Tax Notes, 2002, 19 (5): 1109 - 1124.

[189] North D. C., Structure and Change in Economic History [M]. W. W. Norton, New York. 1981.

[190] North D. C., Thomas R., The Rise of the Western World: A New Economic History [M]. Cambridge University Press, Cambridge, 1973.

[191] Phillips J., Corporate Tax - planning Effectiveness: the Role of Compensation - based Incentives [J]. The Accounting Review, 2003, 78 (3): 847 - 874.

[192] Plesko G., Reconciling Corporation Book and Tax Net Income, tax years 1996 - 1998. SOI Bulletin Spring. Washington, DC: US Government Printing Office, 2002.

[193] Porcano T. M., Corporate Tax Rates: Progressive, Proportional, or Regressive [J]. Journal of the American B Taxation Association, 1986, 8 (1): 17 - 31.

[194] Rego S., Tax Avoidance Activities of U. S. Multinational Corporations [J]. Contemporary Accounting Research, 2003, 20 (4): 805 - 833.

[195] Rego S., Wilson R., Executive Compensation, Tax Reporting Aggressiveness, and Future Firm Performance. Working Paper, 2008, University of Iowa.

[196] Rice E. M., The Corporate Tax Gap: Evidence on Tax Compliance by Small Corporations in Slemrod, j. ed., Why people Pay Taxes: Tax Compliance and Enforcement [C]. The University of Michigan press, 1992, 125 - 159.

[197] Robinson J., Sikes S., Weaver C., The Impact of Evaluating the Tax Function as a Profit Center on Effective Tax Rates [Z]. Forthcoming, The

Accounting Review. 2009.

[198] Rutherford M., Institutions in Economics: The Old and the New Institutionalism [M]. Cambridge: Cambridge University Press. 1994.

[199] Scholes, M. and Wolfson, M. Taxes and Business Strategy: A Planning Approach [M]. Prentice - Hall, Englewood Cliff. 1992.

[200] Schultz T. W., Institutions and the Rising Economic Value of Man [J]. American Journal of Agricultural Economics, 1968, 50 (5): 1113 - 1122.

[201] Shevlin T., Commentary: Corporate Tax Shelters and Book - tax Differences [J]. Tax Law Review, 2002, 55 (3): 427 - 443.

[202] Slemrod J., The Economics of Corporate Tax Selfishness [J]. National Tax Journal, 2004, 57 (4): 877 - 899.

[203] Slemrod J., Yitzhaki S., Tax Avoidance, Evasion, and Administration. In: Auerbach, A. J., Feldstein, M. (ed.). Handbook of Public Economics [Z]. 2002. 1423 - 1470.

[204] Srinivasan T. N., Tax Evasion: A Model [J]. Journal of Public Economics, 1973, 2 (4): 339 - 346.

[205] Stiglitz J. E., Weiss A., Credit Rationing in Markets with Imperfect Information [J]. American Economic Review 1981, 17: 393 - 410.

[206] Tiebout C. A Pure Theory of Local Expenditures [J]. Journal of Political Economy, 1956, 64: 416 - 424.

[207] Treasury H., Tackling Poverty and Extending Opportunity [M]. London: HM Treasury, 1999.

[208] Wang H., Informal Institutions and Foreign Investment in China [J]. The Pacific Review, 2000, 13 (4).

[209] Weber P. Theory of the Travel Industry Location of city [M]. Chicago: The University of Chicago Press, 2015.

[210] Weisbach D., Corporate Tax Avoidance. In: Proceedings of the

National Tax Association Ninety Sixth Annual Conference, 2003: 9.

[211] Wilson R., An Examination of Corporate Tax Shelter Participants [J]. The Accounting Review, 2009, 84 (3): 969 -999.

[212] Yin G., How Much Tax do Large Public Corporations Pay? Estimating the Effective Tax Rates of the S&P 500 [J]. Virginia Law Review, 2003, 89 (8): 1793 -1856.

[213] Yitzhaki S., A Note on Income Tax Evasion: a Theoretical Analysis [J]. Journal of Public Economics. 1974, 3: 201 - 202.

[214] Zimmerman J., Taxes and Firm Size [J]. Journal of Accounting and Economics, 1983, 5 (1): 119 -149.